Sebastião de Magalhães Viana Junior

Uma Leitura Ecológica do relato Sacerdotal da Criação

Sebastião de Magalhães Viana Junior

Uma Leitura Ecológica do relato Sacerdotal da Criação

Gn 1,1 - 2,4a

CREDO EDICIONES

Cover image: www.ingimage.com

Publisher:
CREDO EDICIONES
ist ein Imprint der / is a trademark of
International Book Market Service Ltd., member of OmniScriptum Publishing Group
17 Meldrum Street, Beau Bassin 71504, Mauritius

Printed at: see last page
ISBN: 978-613-1-76126-3

Dedico este trabalho, resultado de muitos esforços, aos meus pais, Sebastião e Isabel, *que me ensinaram o valor de amar, de crer e de cuidar; aos meus irmãos,* Haroldo e Washington, *à minha cunhada,* Aline, *e aos meus sobrinhos,* Caio e Pedro, *que me fizeram descobrir a riqueza de amar, crer e cuidar; e a todos que amam, creem e cuidam, vivendo conforme a vontade de Deus; sobretudo aos que se empenham por demonstrar a verdade e a beleza da Criação.*

A quantos me levantaram quando pensei em permanecer caído.

AGRADECIMENTOS

O espaço que tenho é pequeno para manifestar minha gratidão a tantas pessoas que me ajudaram na reflexão que ora apresento. Certamente são muitas... Mas não posso deixar de agradecer àquelas sem as quais esse trabalho nunca se concluiria.

Primeiramente, agradeço a Deus *pela vida, pela fé, pela vocação e pela capacidade que me concedeu de poder refletir "a obra estupenda que fizeram suas mãos"... isso me causou felicidade imensa. Que o fruto dessas reflexões possa glorificá-lo!*

À minha família, *que tanto amo, de quem aprendi a arte de cuidar.*

À Igreja Particular de Jaboticabal, confiada ao patrocínio de Nossa Senhora do Carmo, na pessoa de Dom Antônio Fernando Brochini, CSS, *Bispo Diocesano, que me acolheu no seminário e, de igual modo, agradeço aos formadores e aos padres com os quais convivi e que sempre me incentivaram e me fizeram perceber o bem e a necessidade de se dedicar ao estudo e à pesquisa; de modo muito especial, obrigado,* Pe. Marciel S. de Lima, Pe. Rodrigo Biso, Pe. Paulo Mazzi, Pe. Marcelo Cervi, Pe. José Mateus e Pe. Paulo Miki.

Aos amigos e irmãos do seminário, *quero agradecer a imensa alegria que me causou a experiência de comunidade que vivi com vocês, sobretudo nos momentos de desânimo, quando vocês me incentivaram. Tenham certeza, isso nunca se apagará de minha memória e serei eternamente grato. Mas quero agradecer, de um modo bastante especial, ao* Bruno Luiz, *irmão de todas as horas, todas mesmo; ao* Audive José, *grande incentivador; ao* Paulo Augusto *e ao* Jefferson Muscelli. *A vocês agradeço por não terem desistido de me apoiar mesmo quando eu mesmo já não acreditava que seria possível.*
Não poderia esquecer os irmãos de turma das Dioceses de Ribeirão Preto, Franca e Ituiutaba. *Muito obrigado a vocês também pelo carinho e pela amizade destes tantos anos de caminhada.*

Ao professor e mestre, no sentido paternal da palavra, Airton José da Silva, *que diligentemente me acompanhou, orientando-me neste trabalho até a sua conclusão. Obrigado, Professor, pela paciência e por não ter poupado tempo e atenção para me ajudar, sempre com muita propriedade.*

Enfim, a todas as pessoas das comunidades por onde passei que rezaram; a todos que, de uma forma ou de outra, foram responsáveis pela conclusão dessa monografia, quero lhes agradecer.

Saibam que eu trabalhei o melhor que pude para encerrar neste trabalho algumas palavras que do tema se podem dizer. Não que eu tenha acumulado aqui todas as diversas razões bíblicas ou teológicas que se poderiam alegar para servir de prova a nosso tema, mas tratei do que me foi possível, graças à ajuda de todos vocês.

Muito obrigado!

1 Ó justos, exultai em Iahweh,
aos retos convém o louvor.
4 Pois a palavra de Iahweh é reta,
e sua obra toda é verdade;
5 ele ama a justiça e o direito,
a terra está cheia do amor de Iahweh.
6 O céu foi feito com a palavra de Iahweh,
e seu exército com o sopro de sua boca.
8 Que a terra inteira tema a Iahweh,
temam-no todos os habitantes do mundo!
9 Porque ele diz e a coisa acontece,
ele ordena e ela se afirma.
11 O desígnio de Iahweh permanece para sempre,
os projetos de seu coração, de geração em geração.
12 Feliz a nação cujo Deus é Iahweh,
o povo que escolheu para si como herança.
22 Iahweh, que teu amor esteja sobre nós,
assim como está em ti nossa esperança!

Salmo 33
(*Hino à Providência*)

SUMÁRIO

INTRODUÇÃO

O mundo não pode ser desconhecido, tampouco alheio, na reflexão de um teólogo. Com efeito, o primeiro artigo de fé professado por um cristão refere-se precisamente ao Deus Criador do céu e da terra. Portanto, não é admissível que um teólogo pense Deus sem pensar o mundo. A criação é um episódio teologicamente importante, e é por isso que nós procuramos apresentar algumas palavras sobre ela neste nosso trabalho.

Duas perguntas nos motivaram e o texto bíblico de Gn 1,1–2,4a, o relato sacerdotal da criação, ofereceu-nos base para respondê-las sem fugir do conteúdo bíblico-teológico. Em primeiro lugar nos perguntamos: se Deus criou o mundo, *"e viu que era bom"*, por que há uma realidade que sofre e faz sofrer? Referimo-nos à crise ecológica. A habitabilidade do mundo em que vivemos está ameaçada e isso representa uma interpelação à qual a fé não pode se furtar. Como já antecipamos, o nosso não será um discurso autônomo sobre o *em-si* do cosmos. Isso não é de competência da teologia. Mas o que a teologia bíblica pode dizer a esse respeito, isso nós procuramos apresentar aqui. A base da nossa reflexão é o que diz a Tradição cristã. Justamente porque não é possível fazer teologia sobre o mundo dando as costas à gravidade do problema ecológico, nós não pudemos nos conformar, ficando de braços cruzados.

Para provocar uma reflexão, partimos do texto genesíaco sacerdotal sobre a Criação e do que a Tradição guardou a seu respeito. Isso porque este texto bíblico foi muito utilizado como fonte legitimadora da "dominação", do consumo e da exploração predatória dos recursos naturais. Sendo assim – e aqui está nossa outra pergunta motivadora –, como podemos perceber que o texto, em vez de autorizar tal destruição, oferece uma mensagem de esperança e de salvação para nós hoje?

Graças a essas perguntas, o desenho do nosso trabalho se fez. Partimos da consideração primeira do ser de Deus que, além de Pai, todo-poderoso, é Criador. Mas Deus não foi sempre entendido e percebido assim. Por isso, apresentamos, no primeiro capítulo, o desenvolvimento do termo criador e da compreensão que ele teve na história de Israel quando atribuído a Deus. Num segundo momento, em um pequeno esboço bíblico, apresentamos um estudo crítico do Pentateuco. Fomos às suas fontes.

Procuramos, em seguida, demonstrar a importância e imponência do Pentateuco como realização humana. Precisamente por ser realização humana, nós encontramos algumas tensões entre algumas narrativas. Entretanto, a contradição ou os problemas não tiram a autoridade da Escritura nem pode abalar a fé de quem a estuda. A teoria documentária procura apresentar uma teoria mais razoável e é aceita por grande número de estudiosos. Afinal de contas, por que a possibilidade de que o texto bíblico, sendo produto da história humana, tenha passado por algumas aventuras até chegar ao ponto em que está pode causar alguma ameaça à fé?

Assim, o segundo capítulo tenta ser um tributo à importância da Bíblia, quer reconhecê-la como um livro capaz de ensinar e instruir também os homens do nosso tempo. Outro livro, por mais que ofereça reflexões "atuais" a respeito do tema da ecologia, nunca poderia provocar atenção tão minuciosa de estudiosos de todos os tempos nem justificaria a aplicação de tanto esforço humano em perceber o que mensagem tem para transmitir. Sob as palavras está um propósito divino parcialmente obscurecido. Uma leitura fundamentalista, de sentido denotativo, nunca conseguiria trazê-lo à luz. Estamos diante, portanto, de um tesouro de onde são tiradas coisas novas e velhas. O Pentateuco e, evidentemente, o Gênesis, em idade e magnitude, são como uma imensa montanha que se ergue diante de nós: uma fonte perpétua de assombro, de inspiração e de desafio. Deve ser respeitado! Lê-los, tal como alçar-se para o topo da montanha, é uma valiosa façanha. Mas lê-los e deixá-los de lado – pisar a superfície da montanha e voltar para casa – dificilmente lhe faz verdadeira justiça.[1]

De um estudo crítico, passamos a um esboço bíblico-teológico mais específico do texto sacerdotal sobre as origens, Gn 1,1–2,4a. Este é o conteúdo do terceiro capítulo. Poderíamos escolher outro texto para tratar do tema, o da tradição javista, por exemplo. No entanto, optamos pela primeira página que encontramos ao abrir a Bíblia. Não ao acaso. Há razões claras que evidenciam o texto sacerdotal como competente para responder às nossas questões.

Embora haja semelhanças entre Gn 1,1–2,4a (sacerdotal) e Gn 2,4b–3,24 (javista) quanto ao tema, nós optamos, a partir das diferenças, por aquele relato da Criação cujas estruturas e conteúdo justificassem melhor nosso tema: o texto sacerdotal tem um objetivo mais cósmico, apresenta o homem e seu dever de cuidar do mundo, e não somente do Éden como no relato javista.[2] Ou seja, o interesse cosmológico é bem maior no relato sacerdotal, que, por isso mesmo, traça uma história da Criação que tende para o fim, com uma perspectiva que se orienta mais pela esperança de um paraíso do que pela saudade dele, através de determinadas etapas, e que se dirige à criação do homem: *"o mundo inteiro se submete ao homem, considerado ponto culminante de toda criação, pois Gn 2,4bss atinge*

---

[1] Cf. GABEL, John B.; WHEELER, Charles B. **A Bíblia como Literatura.** 2. ed. São Paulo: Loyola, 2003. p. 94. (Col. Bíblica Loyola, 10).
[2] Cf. ZENGER, Erich. et al. **Introdução ao Antigo Testamento.** São Paulo: Loyola, 2003. p. 64-65. (Col. Bíblica Loyola, 36).

também o apogeu na criação da humanidade representada pelo dualismo do casal."[3] Considerado assim, descrito numa posição central com relação ao mundo, o homem deve perceber-se seu administrador, sabendo em que sentido a criação se refere a ele.[4]

Enfim, convidamos o leitor para que percorra conosco com atenção e prazer o conteúdo, fruto de nossas pesquisas. Quisemos provocar sua curiosidade apresentando o ponto de vista de alguns biblistas e teólogos sobre o mesmo assunto, tentando mostrar o rosto de uma solução para a crise ecológica à luz da Sagrada Escritura.

---

[3] RAD, Gerhard Von. **Teologia do Antigo Testamento:** teologia das tradições históricas de Israel. Reedição da 1. ed. São Paulo: Associação de Seminários Teológicos Evangélicos [ASTE], 1986. p. 194.
[4] Cf. FOHRER, Georg. **Estruturas Teológicas Fundamentais do Antigo Testamento.** São Paulo: Edições Paulinas, 1982. p. 220.

CAPÍTULO I

CREIO EM DEUS "CRIADOR DO CÉU E DA TERRA"

O título de Criador é como a clave musical posta no início de uma sinfonia: ela determina o som que cada nota produzirá. Quando dizemos Criador nos referindo a Deus, estamos, na verdade, falando de Deus mesmo e não de mais um de seus atributos.

Seguindo um caráter trinitário, a fé dos cristãos se organiza em três artigos fundamentais, segundo os quais se professa a fé em Deus Pai, Filho e Espírito Santo. No-lo confirmam os credos aprovados pelos concílios ecumênicos da Igreja, em Niceia (325) e em Constantinopla (381), e o credo chamado apostólico da Igreja de Roma.[5] Em seu conjunto, dizem a fé na Trindade.

O primeiro artigo desses credos afirma a fé em um Deus Criador dos céus e da terra. Há uma clara alusão aos primeiros versículos do livro do Gênesis: *"No princípio, Deus criou o céu e a terra"*[6] (Gn 1,1). Os credos, sobretudo os de Niceia e Constantinopla, visavam

[5] Cf. Credo Apostólico. DS, 10-30; Credo Niceno, 19 de jun. de 325. DS, 125-126; Credo Constantinopolitano, mai. jul. de 381. DS, 150.

[6] Os textos bíblicos que usamos são da Bíblia de Jerusalém (vide referência geral bibliográfica).

a contradizer Marcião[7] e os marcionitas, que chegaram a constituir, no século II, a metade dos cristãos do mundo, segundo alguns cálculos. Ele e seus seguidores rejeitaram a Bíblia dos judeus, a Hebraica. Seu cânon era somente o evangelho de Lucas e as cartas de Paulo.[8] Negavam que o Deus Pai de Jesus tivesse criado este mundo de matéria. Não negavam que existisse um deus criador, mas acreditavam que este era um deus mau, ou, ao menos, inferior. Concordavam nisso com os cristãos "gnósticos" do Egito, isto é, os cristãos que se beneficiavam da ciência, *gnosis*. Os teólogos dessa versão da fé cristã eram vários, dentre os quais se destaca Valentino.[9] Assim, pois, a primeira grande disputa doutrinal que dividiu os cristãos foi sobre se o Deus supremo que confessavam era responsável por este mundo.

Os bispos reunidos nos grandes concílios ecumênicos e a Igreja de Roma confessaram o Deus Criador como seu Deus e recusaram que a matéria fosse essencialmente má. A afirmação de que o mundo carnal é ao menos parcialmente bom constitui a base para confessar Deus como Criador. E a Bíblia Cristã, tanto o Antigo Testamento (AT) como o Novo Testamento (NT), afirma que Deus é Criador, declarando que sua obra era *"muito boa"* (cf. Gn 1,31).[10]

1.1 O MODO COM O QUAL O TEXTO DO CREDO NICENO-CONSTANTINOPOLITANO AFIRMA A FÉ EM DEUS CRIADOR

O texto em latim do Credo Niceno-Constantinopolitano nos ensina algumas coisas importantes a respeito da fé em Deus Criador. O credo que se recita comumente é recitado em

[7] Marcião foi o dono de uma frota de navios que chegou a Roma por volta do ano 140 d.C. Era natural do Ponto, na orla sul do Mar Negro (costa norte do que hoje é a Turquia). É um importante teólogo herético do séc. II.
[8] Cf. ALAND, B. Marcião – Marcionismo. In.: **Dicionário Patrístico e de Antiguidades Cristãs.** Petrópolis, RJ: Vozes; São Paulo: Paulus, 2002. p. 882.
[9] Valentino é um heresiarca gnóstico, egípcio de origem; foi a Roma por volta de 140 d.C. Em dado momento, abandonou a ortodoxia e fundou uma escola, onde difundiu sua doutrina. Deixou Roma e foi para Chipre, provavelmente. Voltando, morreu em Roma em 160 d.C. Cf. GIANOTTO, C. Valentino gnóstico. In.: BERARDINO, Angelo Di (org.). **Dicionário Patrístico e de Antiguidades Cristãs.** Petrópolis, RJ: Vozes; São Paulo: Paulus, 2002. p. 1399.
[10] Cf. PIXLEY, Jorge. **O Deus Libertador na Bíblia:** Teologia da libertação e filosofia processual. São Paulo: Paulus, 2011. p. 89. (Col. Tempo axial).

vernáculo. Por ora, não é dele que precisamos. Precisamos perceber o verbo *credere* e o modo como ele aparece no texto da oração em latim: com duas regências diferentes. Quando se refere à Trindade, usa a preposição *in* e coloca a palavra complementar no caso acusativo. Quando se refere a outras realidades, como a Igreja, por exemplo, a palavra seguinte simplesmente vai para o acusativo, sem preposição. Parece pormenor linguístico, mas não é.[11] Há muito sentido teológico nessas informações. Aliás, a própria palavra crer (*credere*) nos faz levantar a questão: em que ou em quem realmente podemos crer? *Credere* nos faz pensar em *cor* e *dare,* isto é, em "dar o coração", mais pessoalmente, faz pensar em *cor do,* que significa "dou o coração" ou "coloco o coração" sobre algo.[12] Portanto, a pergunta que fizemos poderia ser formulada assim: a quem podemos entregar o coração de maneira absoluta sem reservas? A Deus! O crer nos faz pensar na pessoa de Deus. Voltamos ao ponto onde tínhamos parado. Essa exclusividade do ato de fé na pessoa divina é muito bem traduzida pela preposição *in* seguida do caso acusativo da língua latina. Segundo o texto do credo, temos: *Credo in Deum Patrem, in Iesum Christum Dóminum et in Spíritum Sanctum* – Creio em Deus Pai, no Senhor Jesus Cristo e no Espírito Santo. Ao confessar a sua fé trinitária, o credo continua dizendo em que crê: na Igreja una, santa, católica e apostólica. Em português não se sente a diferença, mas em latim a preposição é omitida daqui em diante; fica apenas o acusativo da palavra seguinte: *Credo Ecclésiam unam, sanctam, cathólicam et apostólicam.* Podemos concluir disso que não podemos crer na Igreja da mesma forma como cremos na Trindade. O Símbolo Apostólico ainda traz outras realidades: a remissão dos pecados, a comunhão dos santos, a ressurreição da carne e a vida eterna. Também com essas realidades acontece o mesmo que com a Igreja no Niceno-Constantinopolitano: vão direto para o acusativo, sem preposição. O Catecismo da Igreja Católica, inclusive, afirma o que acabamos de dizer, quando declara: *"No Símbolo dos*

[11] Cf. LIBANIO, João Batista. **Como Saborear a Celebração Eucarística?** 2. ed. São Paulo: Paulus, 2005. p. 67. (Col. Questões fundamentais da Fé, 7).
[12] Cf. CANTALAMESSA, Raniero. **O Verbo se faz carne:** Reflexão sobre a Palavra de Deus – Anos A, B, C. São Paulo: Ave-Maria, 2012. p. 746. [Homilia do 27º Domingo do Tempo Comum. Ano C].

Apóstolos, fazemos profissão de crer em uma Igreja Santa ('Credo... Ecclésiam'), e não na *Igreja, para não confundir Deus com suas obras [...].*"[13]

Há ainda outra informação linguística que consideramos decorrente da anterior e fundamental para este nosso trabalho: o complemento do verbo crer vai para o acusativo; com ou sem preposição, sempre acusativo. É como se disséssemos: creio Deus, creio a Igreja, creio a ressurreição etc. Todas as palavras que são atributos desses objetos do crer acompanham a palavra a que se referem em gênero, número e caso. Portanto, também vão para o acusativo. Assim, o Deus em quem creio é *Patrem omnipoténtem, factórem caeli et terrae* ou *Creatórem;* Jesus, Filho de Deus, em quem creio é *Dóminum, Fílium Dei unigénitum, consubstantiálem Patri;* o Espírito Santo é *Dóminum et vivificántem;* a Igreja em que creio é *unam, sanctam, cathólicam et apostólicam.* Mais uma vez, apenas curiosidade linguística? Acreditamos que não! Sobretudo no que diz respeito à fé em Deus Pai, onipotente, Criador do céu e da terra. Pensamos que *Creatórem* e *Factórem* estão no acusativo não apenas como adjuntos de *Deum*, concordando com ele. Estão no acusativo como complementos verbais do *Credo in.* É muito mais significativo. Como já dissemos, ser Criador não é apenas um atributo de Deus. É Deus mesmo!

1.2 O TERMO CRIADOR: SEU SIGNIFICADO E SUA ORIGEM

Uma comparação emprestada da informática pode nos ajudar a compreender porque é tão importante afirmar que "Deus criou o céu e a terra" (Gn 1,1): quando digito o conteúdo de um livro inteiro, eu o guardo na memória do computador e lhe dou um nome de 7 letras, justamente: criador. Todo o livro é registrado na memória e não há como trazê-lo para fora sem essa palavra. Quando a encontro, a um comando todo o conteúdo salta aos olhos. Assim se sucede com esse e os outros objetos da fé: cada um deles individualmente realiza o

[13] CATECISMO DA IGREJA CATÓLICA. 750.

milagre de fazer sair da grande memória do cristianismo (Bíblia e Tradição) a revelação sobre Deus.

O termo criador, como o professamos hoje, tem uma herança dos Padres da Igreja: eles frisaram o significado ontológico do termo, fazendo de criador uma designação do ser. Assim, Deus **é** Criador. Com isso, a teologia afirma que a ação criadora de Deus não se limita ao instante inicial como afirmam os deístas e mecanicistas cartesianos. Para a teologia, Deus não foi Criador; ele é sempre Criador! E Deus não apenas conserva mas comunica o ser e o vigor da existência.

Em contrapartida, a ideia bíblica frisa mais o caráter funcional e dinâmico do termo. Assim, **Deus cria**, isto é, **age como criador**. Portanto, estamos diante de um ponto de chegada, da coagulação das ideias, da Revelação bíblica e da Tradição. Voltemos ao ponto de partida. Para refazer o caminho, perguntamo-nos como nasceu a noção de Deus Criador em Israel, como essa ideia se expressa no texto bíblico de Gn 1,1–2,4a. Na resposta, nos deparamos com a questão das fontes do texto, do sentido teológico, da mensagem, do ambiente ou contexto; deparamo-nos também com outros textos bíblicos e extra bíblicos que se referem à mesma questão: as origens.

1.2.1 AS FASES DA EVOLUÇÃO DO CONCEITO

No desenvolvimento da concepção acerca de Deus como Criador, podemos distinguir, a partir dos textos bíblicos, confrontados com os extra bíblicos, duas fases: a) uma fase implícita, na qual Israel afirma sua fé em Iahweh, o único entre os deuses das nações, que o libertou da escravidão do Egito e o fez entrar na Terra Prometida. Nesta fase se percebe que, sendo único, Iahweh é o Criador dos céus e da terra, embora não se afirme isso com todas as letras; b) uma fase explícita, caracterizada por dois momentos: 1) pela emergência da situação de Israel no exílio, quando sua fé confrontou-se com os mitos babilônicos e 2) quando se introduz na fé de Israel o conceito de Deus Criador.

1.2.1.1 A FASE IMPLÍCITA

O texto bíblico procura compreender o destino da humanidade diante do Deus vivo que se manifestou a Moisés. Não há, pois, compreensão do texto sagrado, a não ser no quadro da totalidade da Escritura, quer dizer, no quadro da experiência da fé professada por Israel. A moldura que sustenta a pintura da Criação é o Êxodo. *"De fato, a relação acima insinuada entre criação e salvação é atestada pela maneira como se originou a fé vétero-testamentária na Criação, e esta origem precede a redação dos primeiros capítulos do Gênesis."*[14]

Como veremos adiante, somente em época relativamente tardia aparece na Bíblia essa reflexão explícita sobre a ideia de Criação. Ela foi precedida pela ideia de Aliança – teológica e cronologicamente prioritária. Lembramos o fato de que na Babilônia, por exemplo, o povo celebrava a festa da criação, enquanto Israel celebrava a Páscoa, memória da libertação, da Aliança.[15] Antes de confessar que Deus criou o mundo, Israel reconheceu que Deus criara para si um povo.

Deste modo, de certa forma, podemos dizer que o *Shemá* (Dt 6,4) é para os judeus o que a afirmação da Criação é para os cristãos.[16] O texto diz o seguinte: *"Ouve, ó Israel: Iahweh nosso Deus é o único Iahweh! Portanto, amarás a Iahweh teu Deus com todo o teu coração, com toda a tua alma e com toda a tua força"* (Dt 6,4-5). Essa é a oração com a qual o judeu começa e termina seu dia. É a declaração que usa quando está prestes a morrer e em momentos críticos de sua vida. Iahweh, o Deus de Israel, é "único", segundo a tradução da Bíblia de Jerusalém. Único (אֶחָד) é algo simples, mas tem múltiplas implicações. Mais uma

---

[14] KERN, Walter. A Criação como origem permanente da Salvação. In.: **Mysterium Salutis II/2**: A História Salvífica antes de Cristo: a Criação. p. 38.

[15] "A preocupação do texto sacerdotal é o culto que sempre e sempre atualiza, para Israel, as ações históricas e salvíficas de Iahweh. Infundiu-se novo conteúdo e sentido histórico-salvífico às festas da natureza, cujos vestígios sobrevivem nos costumes festivos; o argumento mais claro dessa tendência historizante é a festa da Páscoa." **Mysterium Salutis II/2**: A História Salvífica antes de Cristo: a Criação. p. 42.

[16] RATZINGER, Joseph. **Introdução ao Cristianismo:** preleções sobre o Símbolo Apostólico com um novo ensaio introdutório. 2. ed. São Paulo: Loyola, 2006. p. 82.

vez, reafirmamos: como único Deus entre os deuses das nações, Iahweh é o Criador dos céus e da terra, implicitamente.

A declaração se dirige a Israel, o povo de Iahweh. Ele é "nosso" Deus. Isso significa que se trata do Deus que tirou Israel da servidão no Egito e o chamou a ser *"uma propriedade especial* (סְגֻלָּה)*"*, assim como *"um reino de sacerdotes e uma nação santa"* (Ex 19,4-5). Desse modo, Deus salvou Israel da servidão para que fosse um povo escolhido e santo entre as nações sobre a terra. Com sua santidade, ficaria santificado o conjunto das nações do mundo que Deus estava criando. Repetimos: antes da noção de Deus Criador há a noção de Deus Libertador. Antes de criar o mundo, digamos, Deus criou para si um povo.

1.2.1.2 O PRIMEIRO MOMENTO DA FASE EXPLÍCITA

Textos do Oriente Médio Antigo nos oferecem alguma luz para entrarmos definitivamente na fase explícita da fé em Deus Criador. De fato, antes de o povo de Israel ter à luz da fé sua própria visão das origens, outras culturas, no quadro literário do mito ou da lenda, tinham procurado trazer uma resposta aos grandes questionamentos do homem que vive em sociedade. Em outras palavras, a reflexão de Israel não é a primeira. O estudo crítico dos textos da Sagrada Escritura revela que *"nenhum dos motivos constantes no AT é inteiramente novo; todos possuem paralelos mais próximos ou mais distantes nos mitos antigos."*[17] Haja vista os textos extra bíblicos se mostrarem mais remotos; com relação aos bíblicos, sua antiguidade se impõe. A anterioridade daqueles em relação a esses, em cujas páginas há muitas vezes a discussão sobre os mesmos assuntos, é indiscutível. Aliás, há em muitos casos a evidência do empréstimo. Contudo, é preciso deixar claro desde já, *"as tradições mesopotâmicas foram filtradas para pô-las em harmonia com o monoteísmo de*

[17] WESTERMANN, Claus. **Teologia do Antigo Testamento.** São Paulo: Paulinas, 1987. p. 73. (Nova coleção Bíblica).

Israel e delas só conservar o que era útil à evolução espiritual desse povo ou, pelo menos, compatível com ela." [18]

O texto bíblico com o qual nos ocupamos (Gn 1,1–2,4a) nos oferece, à sua maneira, uma gênese do homem e de seu mundo, isto é, uma compreensão das origens, numa perspectiva religiosa. Como pretendemos demonstrar, a história de Israel é situada num nexo inseparável com o mundo enquanto criação de Iahweh. No entanto, conforme já apresentamos, a Criação não representa, na economia da Bíblia, o ponto de partida para todas as reflexões futuras e a crença nela não é a base da religião israelita. Segundo pudemos observar, a existência de Israel baseia-se na sua eleição como povo e a doutrina da Criação representa apenas um momento do desenvolvimento de Israel.[19]

O relato de Gn 1,1–2,4a está em função da criação em nações vizinhas. Segundo Gn 1,2, "a terra estava vazia e vaga (תֹהוּ וָבֹהוּ), as trevas cobriam o abismo (תְהוֹם) e um sopro de Deus (ou grande vento) (וְרוּחַ אֱלֹהִים) agitava a superfície das águas". Aqui, antes que Deus faça qualquer coisa, existem a terra caótica, um abismo e um mar de águas. Sua obra será *impor sobre esse caos uma ordem* em que seja possível a vida. A primeira coisa será criar a luz e separar a noite do dia, limitando, com efeito, a obscuridade primigênia que Deus não criou a apenas uma parte do tempo. Ele criará depois uma abóbada (רָקִיעַ) em meio das águas que terá por finalidade separar as águas de cima das águas de baixo. Essa abóbada é o céu concebido como uma abóbada sólida que impõe limites inferiores e superiores à água primigênia.

[18] VV.AA. **A Criação e o Dilúvio:** segundo os textos do Oriente Médio Antigo. São Paulo: Paulinas, 1990. (Documentos do Mundo da Bíblia, 7).
[19] Cf. LORETZ, Oswald. **Criação e Mito:** homem e mundo segundo os capítulos iniciais do Gênesis. São Paulo: Paulinas, 1979. p. 51. (Col. Estudos Bíblicos).

Já a partir desse texto podemos ver que este relato é uma versão modificada, radicalmente modificada, do relato babilônico da criação, o *Enuma elish.*[20] Há uma observação interessante a esse respeito: os primeiros versículos do livro do Gênesis, segundo grande número de traduções bíblicas traz no lugar de *bereshit* (בְּרֵאשִׁית) "No princípio". Isso ocorre porque seguiram a antiga tradução grega da LXX, *en arxe* ('Εν ἀρχη). No entanto, já no século XI, o grande exegeta Rashi observou que seu sentido é antes "Quando começou"; sentido semelhante ao expresso pelas palavras iniciais do poema babilônico *Enuma elish.* Para indicar "No princípio", dir-se-ia em hebraico "*berishonah*".[21]

Voltando ao poema, segundo ele, a origem de tudo era a procriação de Apsu, a abóbada celestial, com Tiamat, os mares primigênios. Nasceram daí todos os deuses conhecidos. Os jovens deuses chegaram a irritar seus procriadores com seus tumultos, tendo Apsu e Tiamat decidido matá-los. Surgiu então entre eles o jovem Marduk, que se ofereceu para matar Tiamat e assim livrar todos da ameaça que pairava sobre eles. Porém, em primeiro lugar, Marduk exigiu que os deuses o elegessem seu rei. Assim foi feito. Marduk enviou um grande vento que inflou Tiamat e conseguiu matá-la a partir de dentro. De seu cadáver formou os céus e a terra com tudo o que contêm, enquanto os deuses agradecidos construíram uma cidade e um templo para seu rei.

Esse relato da criação reconhece que *no fundo do que há existem conflitos profundos;* nosso mundo não é um mundo tranquilo e pacífico. A paz e a segurança são conseguidas como consequência do conflito. A cada ano, na grande festa do Ano Novo na

---

[20] O *Enuma Elish* ("quando no alto") é um poema babilônio da criação = poema acádico, escrito em 7 tabuinhas, com mais de 1000 versos; foi escrito para justificar a supremacia adquirida por Marduk (deus da Babilônia) sobre os outros deuses do panteão babilônico.

> "Quando no alto o céu não se nomeava ainda
> E embaixo a terra firme não recebera nome..."
> (tabuinha I, linha 1-2)

Sendo o nome a expressão do ser, no pensamento babilônico a falta do nome equivale à ausência do ser. Estas duas linhas significam, pois, que o céu e a terra não existiam ainda.

[21] Cf. PIXLEY, Jorge. **O Deus Libertador na Bíblia.** op. cit. p. 89.

Babilônia, recitava-se no quarto dia esse relato, voltando-se assim a impor, simbolicamente, uma ordem ao mundo para o outro ano.

O relato de Gn 1,1–2,4a toma esse mito e o transforma para adequá-lo à fé de Israel num Deus que o libertou da servidão no Egito, entregou-lhe leis com as quais é possível viver e lhe outorgou uma terra onde viver e cultivar seus grãos. Do relato mesopotâmico provêm as águas como perigo, o abismo, bem como a necessidade de que o Criador as dome. Nesse contexto, Deus não tem batalha a travar e pode controlar seus adversários com o mero uso de suas palavras.[22]

É muito necessário observar que Gn 1 não é a única versão da criação na Bíblia Hebraica – e nem no mundo Antigo!

1.2.1.3 O SEGUNDO MOMENTO DA FASE EXPLÍCITA

Chegamos ao momento no qual se introduz na fé de Israel a noção de Deus Criador. Passamos da fé implícita à fé explícita. Quem nos ajuda são os profetas do exílio. A ideia coagulada a partir deles em Israel, intimamente associada à ideia fundante da fé israelita, é uma rica afirmação teológica: Deus cria para salvar.

Como temos dito, a circunstância histórica em que nasceu é dura, dolorosa para o povo de Deus, sobretudo porque reproduz a situação de escravidão do Egito. Falamos do exílio na Babilônia. Ele põe a fé e a esperança em Iahweh à prova: será que ele se esqueceu de nós? Será que é mais fraco que Marduk?

De certa forma, os profetas deram sua contribuição para que a fé implícita passasse à explícita. Segundo Juan Luiz Ruiz de la Peña,[23] Jeremias seria o primeiro profeta que fala explicitamente de Criação (cf. Jr 32,17;33,25s), porque embora Amós tenha três doxologias em que se menciona o feito criador (4,13; 5,8-9; 9,5-6), elas são adições

---

[22] Sobre esse assunto, pretendemos desenvolver um item adiante sobre a criação pela palavra = pequeno estudo do verbo בָּרָא

[23] PEÑA, Juan L. Ruiz de la. **Teologia da Criação.** São Paulo: Loyola, 1989. p. 19.

posteriores introduzidas para uso litúrgico. Mas, na verdade, é o Dêutero-Isaías quem desenvolveria sistematicamente a ideia como elemento condutor de sua mensagem profética: o "livro da consolação" (Is 40ss).

O desterro fez desencadear uma profunda crise de fé e confiança entre os israelitas: por acaso seria Iahweh agora incapaz de salvar o seu povo como o salvara uma vez no Egito? Seu poder é limitado? O profeta responde: a força de Iahweh não conhece limites. O que libertou Israel da escravidão vai salvá-lo de novo; o que criou um povo vai recriá-lo. Isso é possível e certo porque Iahweh é o todo-poderoso, Criador do céu e da terra. Portanto, Is 40 afirma a onipotência e fidelidade de Iahweh: do mesmo modo que criou um povo e o libertou pode recriar e resgatar.

É importante deixar claro que, ainda que apareça explicitamente, o tema da criação continua sendo secundário, porque sua utilização está em função da ideia fundamental e fundante da fé israelita: a Aliança. De fato, assim permaneceu por um longo período, uma vez que, *"durante muitos séculos, o homem bíblico não precisou formular como artigo de fé o 'creio em Deus... Criador do céu e da terra'. Que Deus era a origem da realidade era tão óbvio e indiscutível que não precisava ser sancionado dogmaticamente. Usando as palavras de Westermann: a Criação, mais que objeto de fé* (Glaubensgegenstand), *era, em Israel, uma pressuposição básica de seus hábitos mentais* (Denkvoraussetzung)*."*[24]

O que realmente tornou explícita a fé na Criação foi a situação crítica do exílio, que ameaçava a verdade do futuro de Israel, fundado sobre a experiência da Aliança. Em seu princípio, a afirmação de Iahweh Criador não era uma resposta a uma preocupação com a natureza; não era uma "curiosidade cosmológica". A atenção de Israel era sempre histórica.

A expressão mais completa do que dissemos é a fórmula que se encontra em Gn 1,1–2,4a, da qual derivam todos os empregos subsequentes. Com uma autoridade indiscutível,

---

[24] PEÑA, Juan L. Ruiz de la. **Teologia da Criação.** op. cit. p. 22.

o texto dá forma e coesão às narrações sacerdotais. Com isso se compreende que a principal preocupação do escrito sacerdotal[25] não seja a de legitimar costumes cultuais do exílio; a sua preocupação principal se orienta para o futuro, isto é, para o tempo no qual a terra será dada novamente por Deus e no qual se realizará a entrada na terra: a promessa de Deus será então reativada e Israel passará novamente pela experiência dos pais quando da conquista da terra. Aqui voltamos à ideia de paraíso como "esperança" mais do que como "saudade", usando a expressão do Frei Carlos Mesters.[26] Com efeito, o quadro da criação traz uma promessa e anuncia uma nova conquista, uma bênção renovada. Sob esse aspecto, está-se muito perto das perspectivas do Dêutero-Isaías, onde Criação e história não são jamais dissociadas porque é o mesmo Deus fiel e poderoso que está em ação. Recordamos o caráter funcional dos termos dentro do texto bíblico, conforme já dissemos: Deus é Criador porque **age como Criador**; salvador porque **salva sempre**.

Como se vê, o relato contido no nosso texto de estudo (Gn 1,1–2,4a) está em tensão entre a tradição do passado e a situação do presente. Ele quer responder em profundidade às necessidades dos contemporâneos e, para isso, colhe subsídios em uma profissão de fé em torno da qual foi composto o Pentateuco. O todo é ligado por uma rigorosa teologia da esperança, para a qual a bênção divina ainda deve ter seu cumprimento na experiência histórica.[27]

Alguns grupos propuseram ao conjunto do povo uma meditação sobre o passado de Israel a fim de esclarecerem ao mesmo tempo o passado e o futuro. O povo acolheu essas diversas contribuições e as fez suas, o que assegurou a transmissão do texto até nós. É sobre eles que falaremos a seguir.

---

[25] Trataremos dele no segundo capítulo.
[26] Cf. MESTERS, Carlos. **Paraíso Terrestre:** saudade ou esperança? 8. ed. Petrópolis, RJ: Vozes, 1981.
[27] Cf. BRIEND, J. **Uma leitura do Pentateuco.** São Paulo: Paulinas, 1980. p. 77-78. (Cadernos Bíblicos, 3).

CAPÍTULO II

CONSTRUINDO UMA *"VARANDA BONITA"*

No capítulo anterior, brevemente, procuramos apresentar Deus como Criador tal como crê a Igreja, passando pelas fases do desenvolvimento do próprio termo. Pudemos notar que estão disseminados por todo o Antigo Testamento[28] e por grande parte da literatura antiga extra bíblica[29] observações ocasionais ou relatos muito bem estruturados e com denso conteúdo sobre a criação e o estado primordial. No entanto, de todos esses textos, são sobretudo os capítulos iniciais do Gênesis que tratam desta questão fundamental da fé revelada em Deus Criador. Embora os capítulos 1–3 nos ofereçam muito material para a discussão desse assunto, nós optamos pela narrativa sacerdotal da criação, como já dissemos. Evidentemente, não pretendemos e nem podemos nos aproximar desses textos na esperança de encontrar neles uma exposição narrativa dessas questões ao modo dos tratados sistemáticos modernos. Isso seria um erro! Aliás, erro ainda muito cometido, principalmente por quem aceita a teoria da evolução e joga fora tudo o que a Bíblia diz a esse respeito. Do lado oposto,

[28] Nessas alusões do AT, Iahweh é representado como divindade criadora e vencedor do combate: derrota e mata a monstruosa serpente Leviatã (Is 27,1ss); despedaça Raab e trespassa o Dragão (Is 51,9s); as legiões de Raab devem inclinar-se diante dele (Jó 9,13); ou Cf., por exemplo, Sl 148; Sl 33; Sl 136; Sl 8; Pr 3,19-21; Pr 8,22-23 [...].

[29] Cf. VV.AA. **A Criação e o Dilúvio:** segundo os textos do Oriente Médio Antigo. op. cit.

há também um grande abuso que se desfaz do sentido real dos textos, aquele segundo o qual a ciência não diz nada de certo ou válido para a interpretação das narrativas. A solução é aproximar-se do texto enxergando seu conteúdo dentro de um plano bíblico próprio. Por esse motivo, procuraremos aqui apresentar um pequeno esboço sobre a origem do texto sacerdotal acerca da criação.

2.1 PRESSUPOSTOS NECESSÁRIOS

A narração de Gn 1,1–2,4a pertence ao conjunto de capítulos que tratam da criação. Assim, além de estar em função do tema da Aliança, ele não pode se tornar um bloco autônomo com relação aos outros capítulos iniciais do primeiro livro da Bíblia, porque deve respeitar essa sequência narrativa que começa no primeiro capítulo e vai até o décimo primeiro.[30] Os assuntos tratados nesses capítulos são bem variados e provocantes: Adão e Eva, Pecado Original, Caim e Abel, Dilúvio, Torre de Babel, Paraíso Terrestre, Criação. Essas histórias já pertencem ao patrimônio comum da humanidade. No entanto, será que eles ainda fazem sentido hoje? A falta de um entendimento correto do que os textos dizem de verdade, conforme já dissemos acima, parece nos dizer que não. O que houve? Onde o sentido dos textos se perdeu? Frei Carlos Mesters procura oferecer uma luz para entender por que isso acontece:

> A mentalidade e a cultura mudam constantemente. Por isso, muda a maneira de olhar e de interpretar a Bíblia. Ora, precisamente por não termos mudado a nossa maneira de explicar o paraíso e por não termos acompanhado a mudança, surgem hoje as dificuldades. Uma série de problemas faz com que muita gente já não consiga compreender o sentido exato do texto da Bíblia que fala do paraíso [...].[31]

---

[30] "Gn 1,1ss deve ser considerado como um elemento básico da soberba construção teológica constituída pelos 11 primeiros capítulos do Gênesis." RUBIO, Alfonso García. **Unidade na Pluralidade:** o ser humano à luz da fé e da reflexão crsitãs. 3. ed. rev. e ampl. São Paulo: Paulus, 2001. p. 149. (Col. Teologia sistemática).
[31] MESTERS, Carlos. **Paraíso Terrestre:** saudade ou esperança? op. cit. p. 11-12.

A nossa proposta nesta parte do nosso trabalho é justamente apresentar um jeito diferente para olhar o texto sacerdotal acerca da criação; na verdade, mais que diferente, o correto. Não é tarefa fácil, reconhecemos. Narrar a formação do homem e da mulher, ou a do universo – da qual ninguém foi testemunha – é extrema audácia, mas audácia necessária para o homem que vive nesse mundo. Lidar com tais textos e tais situações, desejando compreender o mundo e o homem remontando às origens não é uma brincadeira infantil. Dado esse pressuposto, o olhar e o aproximar-se dos textos devem revelar-nos a intenção do autor sagrado ao tratar da existência humana, de sua relação com a divindade e com o mundo e, portanto, de certa esperança, mais do que de saudades. Se a leitura dos textos antigos deixa descobrir semelhante perspectiva, torna-se então difícil reduzir os textos bíblicos, tornando-os obsoletos para os nossos tempos, ou opor-lhes ainda uma visão científica do mundo e do homem. Portanto, uma condição essencial, um pressuposto indispensável para a leitura é abandonar qualquer consideração precipitada que torne o texto inútil, ultrapassado ou inapto para instruir. Não estar diante de um texto científico não diminui em nada o seu valor, pelo contrário, essa seriedade em aceitar o mito como modo de reflexão sobre as origens pode nos ajudar – e muito! – a ler com paciência e como se deve as primeiras palavras do Gênesis a respeito da criação, ou melhor, da relação do homem com seu Criador e com o mundo criado e entregue aos seus cuidados.

Como disse Carlos Drummond de Andrade, olhem de um jeito novo ou reinventem os olhos para poderem admirar o espetáculo que se descortina diante de vocês.[32] Olhar de um jeito diferente já não é fácil; quem dirá reinventar os olhos para ver melhor? Mas não é por isso que devemos nos acomodar nas interpretações cristalizadas que se formaram ao redor da narrativa. Parafraseando Leonardo Boff, quando falava da Trindade, dizemos: diante das dificuldades que encontramos para a reta interpretação do texto bíblico – de qualquer um,

---

[32] Citação livre.

aliás! – devemos calar. *"Mas calamos somente no fim do esforço de falarmos o mais adequadamente possível [...]. Calamos no fim e não no começo. Só no fim o silêncio é digno e santo. No começo seria preguiçoso e irreverente."*[33]

2.2 AS FONTES DO TEXTO

As narrativas veterotestamentárias não caíram prontas do céu. Elas nasceram de problemas muito concretos da vida e da história do povo de Israel. Elas nasceram também das esperanças do povo de Deus aqui na terra. Portanto, inspiradas por Deus e fruto do esforço humano, elas surgiram da terra, nasceram como *"flor no fundo do mato."*[34] Elas se tornaram resposta para as perguntas que o povo se fazia. Só entende bem o alcance de uma resposta quem conhece bem a pergunta que a provocou.

2.2.1 A TRADIÇÃO ORAL

Anteriormente, afirmamos que há uma sequência narrativa que caracteriza o conjunto dos onze primeiros capítulos do Gênesis. Com efeito, há uma forte ressonância dos relatos da criação com os textos seguintes. Mesters e Orofino, inclusive, propõem até que se acrescente a esse conjunto o capítulo doze: *"geralmente, fala-se de Gênesis 1 a 11 e não de Gênesis 1 a 12. [...] Falamos de Gênesis 1 a 12. Incluímos o início da história de Abraão e Sara. Gênesis 1 a 11 é um livro que faz o diagnóstico do estado de saúde da humanidade. Gênesis 12 é o começo de um outro livro que oferece o remédio e inicia o tratamento."*[35] Eles não são os únicos. Juan Luis Ruiz de la Peña e Claus Westermann têm uma posição comum a essa. Segundo Peña, *"a cosmogonia bíblica não se limita a informar sobre as origens; falar*

---

[33] BOFF, Leonardo. **A Trindade e a Sociedade.** Série II: O Deus que liberta o seu povo. 5. ed. Petrópolis, RJ: Vozes, 1999. p. 19. (Col. Teologia e Libertação).
[34] MESTERS, Carlos. **Flor sem defesa:** uma explicação da Bíblia a partir do povo. 5. ed. Petrópolis, RJ: Vozes, 1999. p. 8;12.
[35] MESTERS, C.; OROFINO, Francisco. **A Terra é nossa Mãe:** Gênesis 1–12. São Leopoldo, RS: Centro de Estudos Bíblicos [CEBI], 2007. p. 5.

biblicamente do criador de tudo é sempre falar do todo *e não de um segmento desse todo.*"[36] Confirma o que diz apelando para Westermann que, em seu comentário ao Gênesis, apresenta o relato do Dilúvio como eixo em torno do qual gira todo o bloco de Gn 1–11, e diz que, além disso, não é possível separar Gn 1–3 dos doze capítulos restantes. Para ele, os onze primeiros capítulos seriam entendidos como *Urgeschehen* (acontecimento originário) mais do que como *Urgeschichte* (história das origens). Segundo ele, a *história* propriamente dita começaria com a vocação de Abraão.

Isso só comprova que os textos como estão dispostos hoje não podem sofrer nenhuma mutilação para serem apresentados separadamente. Há uma continuidade que deve ser respeitada. No entanto, não foi sempre assim. Convém advertir que

> antes que fossem escritos, os materiais empregados em Gn 1–11 foram transmitidos por tradição oral como unidades independentes; usando a feliz expressão de Westermann, mais do que feitos de uma vez, esses relatos foram crescendo sobre a tela de fundo da história de Israel, bastidor onde são tecidas e juntadas as unidades literárias preexistentes.[37]

Há uma comparação bastante feliz do Mesters e Orofino sobre isso. Inclusive foi dela que tiramos a expressão que dá nome a este capítulo. Dizem:

> A Bíblia é como uma casa popular. Casa popular começa pequena e cresce aos poucos de acordo com o tamanho e as necessidades da família. No fim, depois dos filhos criados, o dono da casa faz o portão da entrada com uma varanda bonita para receber os netos. O portão, a primeira coisa que se vê, é a última a ser construída. Gn 1–12 é o portão de entrada da Bíblia. É a primeira coisa que se vê, e quase a última a ser escrita! É a varanda bonita, onde Deus recebe o povo oprimido que sofria no cativeiro, para consolá-lo e animá-lo novamente para a caminhada.[38]

---

[36] PEÑA, Juan L. Ruiz de la. **Teologia da Criação.** op. cit. p. 24.
[37] PEÑA, Juan L. Ruiz de la. **Teologia da Criação.** op. cit. p. 24.
[38] MESTERS, C.; OROFINO, Francisco. **A Terra é nossa Mãe:** Gênesis 1–12. op. cit. p. 7.

A Bíblia, o Gênesis, o relato sacerdotal da criação não foi escrito de uma só vez. Levou muito tempo para que o material recolhido se tornasse o que temos hoje. Mais uma vez afirmamos,

> *antes de ser escrita*, a Bíblia foi narrada e contada nas rodas de conversa e nas celebrações do povo. E antes de ser narrada e contada, ela foi vivida por muitas gerações num esforço teimoso e fiel de colocar Deus na vida e de organizar a vida de acordo com a justiça. No começo, o povo não fazia muita distinção entre contar e escrever. O importante era expressar e transmitir aos outros a nova consciência comunitária, nascida neles a partir do contato com Deus. Faziam isso contando aos filhos os fatos mais importantes de seu passado. Como nós hoje decoramos a letra dos cânticos, assim eles decoravam e transmitiam as histórias, as leis, as profecias, os salmos, os provérbios e tantas outras coisas que, depois, foram escritas na Bíblia. A Bíblia saiu da memória do povo. Nasceu da preocupação de não esquecer o passado.[39]

2.2.2 ORIGEM LITERÁRIA

Nós vamos passar um bom tempo na *"varanda bonita, onde Deus recebe o povo oprimido, para consolá-lo e animá-lo novamente para a caminhada."* No entanto, mais do que admirá-la pronta, nós vamos rever o processo de construção: que material foi usado; quem foram os arquitetos e os pedreiros, que lhe deram corpo e forma; quando começaram e quando terminaram a construção. Vamos, usando outro exemplo, para os bastidores da história de Israel, *"onde são tecidas e juntadas as unidades literárias preexistentes."* No capítulo anterior, nós já demos uma volta pelo palco e assistimos à peça e demos uma olhada nos bastidores imediatos, o exílio. Agora é hora de ir um pouco mais adiante, vamos às fontes.

> A Bíblia é uma antologia, para cuja confecção muitas mãos contribuíram ao longo de séculos da história humana. Alguns dos colaboradores eram autores originais, a maioria dos quais perdeu a identidade na névoa do passado, e alguns – que estão ainda mais longe do alcance do nosso olhar – eram redatores que compilaram,

[39] MESTERS, Carlos. **Flor sem defesa:** uma explicação da Bíblia a partir do povo. Op. cit. p. 15-16.

> revisaram e combinaram materiais literários para formar os conjuntos de documentos que acabaram por se tornar os livros bíblicos que hoje figuram nos nossos cânones. Alguns aspectos desse processo agora nos parecem estranhos, em especial o processo de redação, porque as tradições literárias ocidentais se desenvolveram por outros caminhos. Mas no processo da escritura bíblica há elementos reconhecíveis e familiares, passíveis de um tratamento nos termos que os círculos literários modernos aplicam à literatura na nossa época.[40]

De fato, há em toda obra escrita certo *estilo* que a caracteriza. Há sempre algo no texto que revela quem o escreveu, além de colocá-lo dentro de uma tradição formal particular. Ainda que alguém tente inovar ou ser um pioneiro no *estilo,* não há como livrar-se totalmente das formas tradicionais de redação. Quando muito, *"as inovações só conseguiram ampliar as fronteiras das formas tradicionais, sem se libertar delas por inteiro."*[41] Romance é romance, por mais estranho que seja; poesia é poesia, por mais estranha que seja; notícia é notícia etc. Com os textos bíblicos não é diferente: há algo em sua estrutura e conteúdo que os revelam como bíblicos.

Falando especificamente do texto de nosso trabalho, mais do que reconhecê-lo colocando-o em conformidade com a tradição literária, a longa pesquisa sobre a sua origem levou-nos a concluir que ele é uma das diversas camadas que se juntaram para a composição do Pentateuco como o conhecemos. O ponto alto dessa pesquisa está em Wellhausen,[42] no final do séc. XIX, mais especificamente a partir de 1876.[43] Evidentemente, a pesquisa não terminou nas suas conclusões.[44] Muito se discutiu depois a esse respeito.[45] Entretanto, é importante considerar o contributo wellhausiano.

---

[40] GABEL, John B.; WHEELER, Charles B. **A Bíblia como Literatura.** op. cit. p. 27.
[41] GABEL, John B.; WHEELER, Charles B. **A Bíblia como Literatura.** op. cit. p. 27.
[42] Embora ele não seja o único. A teoria clássica das fontes JEP do Pentateuco foi elaborada no séc. XIX por outros estudiosos: Hupfeld, Kuenen, Reuss, Graf.
[43] Cf. ZENGER, Erich. et al. **Introdução ao Antigo Testamento.** op. cit. p. 85.
[44] A "teoria de Wellhausen" alcançou um resultado que a pesquisa crítica posterior não poderia mais reverter. Tanto é verdade que sua "teoria" permaneceu como modelo clássico do Pentateuco até os anos 1970. No entanto, depois dele, no séc. XX, existiram tentativas de revisão, nascidas do ensejo que a própria teoria wellhausiana proporcionou, permitindo uma nova indagação pelo que há "atrás" das fontes mais antigas, nos bastidores da história de Israel: as tradições orais coletadas nos documentos escritos. Os principais representantes dessa

Ele falava em quatro fontes distintas [Javista (J), Eloísta (E), Deuteronomista (D) e o Escrito Sacerdotal (P)[46]][47] e, dentre elas, dizia que

> o escrito sacerdotal, por ele chamado de Q (*liber quattuor foederum* = livro das quatro alianças), constitui a fonte mais nova do Pentateuco e que pelo menos deve ser mais recente que o profetismo (*lex post prophetas* = a lei cultual "de Moisés" tem de ser mais nova que os profetas, porque ainda não pode ser constatada neles).[48]

Voltando ao exemplo que adotamos, sabemos que a construção de *"uma varanda"* não pode ser fruto de uma única pessoa e num único dia. No exemplo, isso é óbvio. Entretanto, ele é apenas uma alegoria. Quando estamos diante de um texto bíblico, a coisa não é tão simples assim. *"Até o séc. XVII o Pentateuco era considerado, tanto no judaísmo como no cristianismo, obra de Moisés [...]. O que parecia contradizer essa posição 'dogmática' foi sempre de novo apresentado, ao longo dos séculos, por 'hereges', por gentios de elevado grau de formação e por polemizadores islâmicos."*[49] Em outras palavras, acreditavam que uma só pessoa tenha deixado a *"varanda"* como está. É certo que hoje há um consenso da pesquisa crítica literária do Pentateuco: ele não pode ter surgido por meio de um único autor, num único processo de formulação e como uma obra redigida consistentemente do início ao fim. No entanto, como vimos, não foi sempre assim. Havia uma rigidez dogmática muito forte em torno dos textos bíblicos. Foi preciso que o início da modernidade, com os humanistas,

---

pesquisa da história das formas e tradições são Hermann Gunkel, Martin Noth e Gerhard von Rad. Cf. ZENGER, Erich. et al. **Introdução ao Antigo Testamento.** op. cit. p. 85-86.

[45] Foram apresentados novos questionamentos ao modelo clássico de Wellhausen, as consequências da crítica ao modelo e as tendências atuais na formulação de hipóteses. Portanto, os estudos sobre o Pentateuco estão tomando outros rumos. Cf. ZENGER, Erich. et al. **Introdução ao Antigo Testamento.** op. cit. p. 89-96.

[46] Usa-se P para indicar a fonte sacerdotal por causa da palavra alemã *Priestercodex* ou *Priesterkodex* ou simplesmente *Priester.*

[47] Wellhausen estabeleceu como sequência das quatro fontes o seguinte: Javista, séc. X; Eloísta, séc. VIII; Deuteronomista, séc. VII; e Escrito Sacerdotal, séc. VI. Cf. ZENGER, Erich. et al. **Introdução ao Antigo Testamento.** op. cit. p. 85; GABEL, John B.; WHEELER, Charles B. **A Bíblia como Literatura.** op. cit. p. 93-94; BRIEND, J. **Uma leitura do Pentateuco.** op. cit. p. 69.

[48] ZENGER, Erich. et al. **Introdução ao Antigo Testamento.** op. cit. p. 85.

[49] ZENGER, Erich. et al. **Introdução ao Antigo Testamento.** op. cit. p. 81-82.

despertasse o interesse histórico pelo Pentateuco, em especial. Evidentemente, houve certo distanciamento do posicionamento eclesiástico a esse respeito. Percebam: o interesse despertado foi histórico; não houve ainda aqui, nesse momento, críticas à origem do Pentateuco a partir de Moisés. Ainda não! Mas esse quadro começa também a ser alterado no séc. XVII. Filósofos, protestantes, judeus e sua empresa a favor do estudo crítico da Escritura obtiveram sucesso. Era inegável – justamente porque se tornaram evidentes – as divergências, as duplicações e diferenças linguísticas dos relatos. Nos sécs. seguintes, XVIII e XIX, a constatação que se tornaria importante para todas as teorias que viessem depois se refere exatamente à troca entre o nome de Deus Iahweh e a designação de Deus Elohim, presentes inclusive nos dois primeiros capítulos do Gênesis. Assim, negando a autoria do Pentateuco a partir de Moisés ou mesmo afirmando-a para defendê-la, as desarmonias e contradições às quais os autores críticos chegaram não podiam ser explicadas de outra forma que não fosse a teoria da junção de fontes distintas. De todo modo, havia indícios de um processo de surgimento do Pentateuco em múltiplas camadas.[50]

2.2.2.1 O NOME DE DEUS TROCADO

Sobretudo nos relatos do Gênesis existe uma alternância marcante do nome de Deus. De fato, *"o hebraico tem algumas palavras para referir-se à divindade; as mais comuns são as que se traduzem por 'Elohim'* [אֱלֹהִים] *e 'Iahweh'* [יְהוָה]*"*.[51] Nos capítulos iniciais do Gênesis, por exemplo, que apresentam a história da criação duas vezes (Gn 1,1–2,4a e Gn 2,4b–3,24), a primeira só usa "Elohim", em referência à divindade; a segunda, Iahweh e Elohim – mas nunca apenas Elohim. Como vimos, essa diferença terminológica não é acidental, o que não quer dizer que haja uma formatação intencionalmente estilística ou

---

[50] Os passos dessas etapas importantes na pesquisa crítica do Pentateuco, com investigação do conteúdo e da autoria de Moisés, no séc. XVII; com os primórdios da moderna investigação crítica do Pentateuco até o surgimento das hipóteses clássicas sobre o Pentateuco, dos sécs. XVIII e XIX, anteriores à teoria wellhausiana, podem ser conferidos em ZENGER, Erich. et al. **Introdução ao Antigo Testamento.** op. cit. p. 81-84.

[51] GABEL, John B.; WHEELER, Charles B. **A Bíblia como Literatura.** op. cit. p. 88.

teológica por trás dela. Não. Ela indica necessariamente duas fontes distintas para o texto, porque se percebe que os contextos em que os dois termos aparecem têm outras características, de estilo e de conteúdo, peculiares a cada um deles. Contudo, não cabe aplicar mecanicamente essa constatação a todos os textos, como às vezes ocorreu, porque os nomes *"não aparecem no texto de maneira tão planejada que pudessem ser atribuídos ao mesmo círculo de autores."*[52] Antes de tratarmos especificamente do relato sacerdotal, vamos apresentar uma visão panorâmica do uso dos nomes de Deus em Gn 1–23 ("Proto-história" e "relatos de Abraão e Sara"). Assim o problema do seu uso torna-se patente:

> A história da Criação do mundo em Gn 1,1–2,4a utiliza de maneira consequente Elohim. A narrativa do paraíso em Gn 2,4b–3,24 traz integralmente Iahweh Elohim (Gn 3,1-5 coloca apenas Elohim, a fim de evitar o nome de Deus Iahweh na conversa entre a serpente e a mulher). A história de Caim e Abel em Gn 4 utiliza Iahweh. A genealogia de Gn 5 começa em 5,1 com Elohim e depois alterna para Iahweh em Gn 5,29. O relato do Dilúvio em Gn 6–9 mescla Iahweh e Elohim, sendo que afirmações quase idênticas são formuladas uma vez com Elohim e outra vez com Iahweh (Gn 6,22; 7,5: "Noé fez exatamente o que Elohim/Iahweh lhe havia prescrito"). Em Gn 11–16 fala-se a respeito de Iahweh. A promessa a Abraão, de que ele terá um filho, em Gn 17, começa em Gn 17,1 com Iahweh e El Shaddai, sendo continuada até o final com Elohim. Gn 18–19 mescla primeiramente Iahweh, "os três homens", "Iahweh e seus três mensageiros", passando em 19,29 para Elohim. Também Gn 20 utiliza Elohim, ou ha-Elohim (22,11.15 traz "enviado de Iahweh"). A narrativa sobre a morte e o sepultamento de Sara usa somente Elohim.[53]

2.3 O ESCRITO SACERDOTAL

Os dois primeiros capítulos do Gênesis são os que consideram a Criação com maior insistência como pré-história, ou melhor, como uma preparação da ação salvífica de Deus em favor de seu povo, Israel. Conforme vimos, são as duas mais expressivas declarações

---

[52] ZENGER, Erich. et al. **Introdução ao Antigo Testamento.** op. cit. p. 64.
[53] ZENGER, Erich. et al. **Introdução ao Antigo Testamento.** op. cit. p. 64.

expressamente teológicas sobre a Criação de todo o AT.[54] A mais antiga é a javista (Gn 2,4b-25). Ela foi composta a partir de tradições ainda mais antigas, provavelmente, no séc. X a.C. Contudo, ele não é um texto que trate diretamente da criação do mundo. Ao passo que o relato sacerdotal, da época da redação final do Pentateuco, do séc. V a.C., contém uma verdadeira elaboração teológica sobre a criação do mundo por Deus.[55] O primeiro documento encontrado, mas, na verdade, o último a ser escrito. Deveras, é o *"portão de entrada da Bíblia"*. Por isso, nós nos ocuparemos mais deste do que daquele. Ficaremos nesta área da nossa *"varanda bonita"*. Aqui, conheceremos um pouco a respeito do seu processo de construção. Assim, no capítulo seguinte, aproveitaremos melhor o que ela tem a nos oferecer.

Embora algumas poucas informações sobre o escrito sacerdotal já tenham aparecido anteriormente, disseminadas pelo corpo do trabalho, vamos apresentar a seguir uma síntese do que nos parece ser fundamental a seu respeito.[56] Desse modo, poderemos apreciar melhor o texto de Gn 1,1–2,4a.

O escrito sacerdotal é da época da redação final do Pentateuco. Seu autor prefere usar o nome Elohim para referir-se à divindade *"até a época de Moisés (Ex 6)."*[57] Seu estilo tende a ser repetitivo e seus relatos são construídos com rigor, o que dá um tom bastante solene à obra. O autor sempre conserva o caráter transcendental de Deus, evitando descrevê-lo antropomorficamente. Além do relato da criação, o sacerdotal *"é responsável pelas genealogias que formam a estrutura do Livro do Gênesis."* Aliás, *"o formato cronológico imposto ao Pentateuco também tem origem no autor sacerdotal."*[58] Por ser mais recente, *"acredita-se que a tradição sacerdotal inclui as narrativas javista e eloísta mais primitivas. Entretanto, há alguma evidência de que um redator ou editor mais tardio realmente*

---

[54] Cf. RAD, G. Von. **Teologia do Antigo Testamento.** Op. cit. p. 148.
[55] RAD, G. Von. **Teologia do Antigo Testamento.** Op. cit. p. 144.
[56] Uma síntese das características da história sacerdotal pode ser encontrada em BRIEND, J. **Uma leitura do Pentateuco.** op. cit. p. 71.
[57] BERGANT, Dianne; KARRIS, Robert J. (orgs.). **Comentário Bíblico.** V. 1: Introdução; Pentateuco; Profetas Anteriores. 3. ed. São Paulo: Loyola, 2001. p. 56.
[58] BERGANT, Dianne; KARRIS, Robert J. (orgs.). **Comentário Bíblico.** V. 1: Introdução; Pentateuco; Profetas Anteriores. op. cit. p. 56.

combinou os escritos javista, eloísta e sacerdotal."[59] Além do contato com estas fontes, percebe-se que o sacerdotal também tem uma *"proximidade linguística com a teologia deuteronomista (teologia da Aliança), com Ezequiel (conceito de 'glória de Iahweh' em conexão com o santuário) e com Dêutero-Isaías (ligação de teologia da Criação e história da Salvação, termo criacionista* בָּרָא*, criar) [...]."*[60] É justamente esta proximidade que denuncia a relação entre Salvação e Criação a partir do estilo do hagiógrafo do escrito sacerdotal. Ele tencionava claramente a correlação perfeita entre a obra criadora e a história nacional de Israel.[61]

A redação do autor sacerdotal é uma reflexão crucial sobre a necessidade do povo de salvar o que podia do seu passado nacional. Para isso torna a proto-história do mundo o fundamento sobre o qual se ergue e se sustenta a proto-história de Israel.[62] Em assim sendo, deve-se supor que o lugar e ambiente de seu surgimento são um círculo de sacerdotes no exílio da Babilônia, que realizam por meio de uma fonte mais antiga, um chamado escrito básico, uma reflexão fundamental sobre a crise relativa a Deus e à história, provocada pela situação do exílio. É por isso que, por meio da fundamentação teológica da Criação, presente sobretudo em Gn 1–11, ao mesmo tempo, eles se posicionaram criticamente com os mitos babilônicos da Criação e do Dilúvio.

Com relação ao quando de sua origem, mais do que estabelecer cronologia, queremos apresentar um sentido para a data da redação do escrito sacerdotal. De fato, o contexto histórico é fundamental para determinar e perceber o contexto teológico. Já

---

[59] BERGANT, Dianne; KARRIS, Robert J. (orgs.). **Comentário Bíblico.** V. 1: Introdução; Pentateuco; Profetas Anteriores. op. cit. p. 56; Cf. BRIEND, J. **Uma leitura do Pentateuco.** op. cit. p. 69 também coloca os inícios de sua formação com os documentos javista (J) e eloísta (E); mais tarde, entre 722 e 700, houve a fusão desses dois documentos (J-E); em seguida apareceu o primeiro Deuteronômio no tempo de Ezequias (716-687). Agora, ao núcleo constituído pela fusão J-E, vem juntar-se, perto do fim do exílio, a história sacerdotal.
Quanto à questão da ordem temporal e da compilação das fontes cf. GABEL, John B.; WHEELER, Charles B. **A Bíblia como Literatura.** op. cit. p. 90-94.

[60] ZENGER, Erich. et al. **Introdução ao Antigo Testamento.** op. cit. p. 124.

[61] Cf. WESTERMANN, Claus. **Teologia do Antigo Testamento.** op. cit. p. 78.

[62] ZENGER, Erich. et al. **Introdução ao Antigo Testamento.** op. cit. p. 126-130.

adiantamos que não há evidências – nenhuma evidência! – suficientes para datá-lo de época anterior ao exílio, isto é, na primeira metade do século VI.[63]

Erich Zenger apresenta duas teses para o surgimento do escrito básico usado pelo hagiógrafo. A primeira coloca o escrito no séc. V a.C., portanto, somente no início do tempo pós-exílico, em Jerusalém. Essa tese tem uma perspectiva mais etiológica, liga-se mais às origens propriamente ditas. Usando a linguagem de Mesters, refere-se mais à "saudade" do paraíso. Já a segunda tese, que apresenta o surgimento do escrito básico sacerdotal, coloca-o por volta do ano 520 a.C., séc. VI, na Babilônia. Ao contrário da primeira, essa tese tem uma perspectiva mais escatológica, isto é, refere-se mais à "esperança" de conquistar o paraíso. Qual adotar?

Para fundamentar a ideia central de nosso trabalho, optamos pela segunda, mesmo porque a própria estrutura do escrito sacerdotal básico mostra que caberia preferência à segunda posição.[64] Com isso, inclusive, voltamos a afirmar e preparamos o terreno do terceiro capítulo: a principal preocupação do escrito sacerdotal não é a de legitimar costumes cultuais do exílio; a sua preocupação principal se orienta para o futuro, isto é, para o tempo no qual a terra será dada novamente por Deus e no qual se realizará a entrada na terra: a promessa de Deus será então reativada e Israel passará novamente pela experiência dos pais quando da conquista da terra. O quadro que contemplaremos pintado no próximo capítulo, ou melhor, a *"varanda"* na qual estaremos é a criação, construída com todo este esforço de que falamos até aqui. Ela traz uma promessa e anuncia uma nova conquista, uma bênção renovada. Sob esse aspecto, está-se muito perto das perspectivas do Dêutero-Isaías, onde criação e história não são jamais dissociadas porque é o mesmo Deus fiel e poderoso que está em ação. Como se vê, a história sacerdotal está em tensão entre a tradição do passado e a situação do presente, olhando sempre para o futuro com esperança. Ela quer responder em

---

[63] Cf. WOLFF, Hans Walter. **Bíblia: Antigo Testamento:** Introdução aos escritos e aos métodos de estudo. São Paulo: Paulinas, 1978. p. 33. (Biblioteca de Estudos Bíblicos, 3).
[64] Cf. ZENGER, Erich. et al. **Introdução ao Antigo Testamento.** op. cit. p. 124-126.

profundidade às necessidades dos contemporâneos e, para isso, colhe subsídios em uma profissão de fé em torno da qual foi composto o Pentateuco. O todo é ligado por uma rigorosa teologia da esperança, para a qual a bênção divina ainda deve ter seu cumprimento na experiência histórica.[65]

[65] BRIEND, J. **Uma leitura do Pentateuco.** op. cit. p. 79-80.

CAPÍTULO III

MYSTERIUM CREATIONIS

Até aqui nós procuramos apresentar o plano dentro do qual se formou o Pentateuco e, de maneira especial, o Gênesis e sua narração das origens segundo o escrito sacerdotal. Visto em seu plano bíblico próprio, o texto tem muito mais a nos oferecer do ponto de vista teológico. De um pequeno esboço histórico-crítico, portanto, passamos agora a um esboço bíblico-teológico daquilo que a Tradição da Igreja guardou e ensinou como fundamental para a fé em Deus Criador do céu e da terra. A intenção deste capítulo é oferecer, à luz do texto bíblico e de seu sentido teológico, alguma perspectiva a partir da qual poderemos olhar para o mundo criado. Evidentemente, um discurso autônomo sobre o cosmo não é de competência da teologia ou da exegese bíblica. No entanto, não há como fazer uma ou outra como se deve dando as costas a questões-limite como a que apresentaremos: a crise ecológica. Ora, o primeiro artigo do credo se refere, como já dissemos, à fé em Deus "Criador do céu e da terra". Não é sem razão que seja assim! *"Esse artigo manifesta que não se pode expor a questão de Deus (a questão teológica por excelência) sem expor a questão do mundo.*

Ou o inverso: a questão do mundo é um dos aspectos da questão de Deus."[66] A habitabilidade do mundo em que vivemos está ameaçada – e muito já foi dito a esse respeito! Nossa proposta não oferece nada de novo, apenas procura satisfazer a uma exigência da fé que se nos impõe. A crise ecológica representa uma interpelação à qual a fé não pode se furtar.

Procuramos, anteriormente, olhar de jeito diferente o contexto dentro do qual o texto sobre a criação se formou. A partir disso, queremos agora *"acertar os olhos com que olhamos para a terra que nos sustenta."*[67] A terra foi criada por Deus e entregue aos cuidados da humanidade não para ser explorada até o esgotamento de todos os recursos naturais que oferece. Foi entregue como mãe que dá vida e sustenta. Em assim sendo, muda-se a perspectiva com a qual se vê o texto, o mundo e o homem em relação ao Criador e ao próprio mundo no qual habita.

Vamos ao texto, abrindo o relato bíblico de Gn 1,1–2,4a, para detalhar brevemente o que ele tem a nos ensinar. Munidos com as informações dos capítulos precedentes, a leitura da primeira narrativa do Gênesis poderá ser feita com outros olhos, com um jeito diferente de olhar, possibilitando-nos ver "céu e terra", isto é, tudo o que existe, em termos de fé cristã, como "Criação". Assim, as ameaças ecológicas que advertem-nos sobre a real possibilidade de extinção da vida sobre a terra não nos levarão ao desespero. O texto bíblico, oferecendo-nos uma cosmologia teológica atualizada, pode e deve nos ajudar, abrindo diante de nós e para o mundo um facho de esperança. O paraíso é esperança! Ele é possível!

---

[66] PEÑA, Juan L. R. de la. **Teologia da Criação.** op. cit. p. 05. E ainda: "quando se trata da Criação, por causa da própria natureza do termo e da realidade que ele expressa, fala-se indissociavelmente de Deus e do homem (ou de Deus e do mundo). A teologia da Criação é um só e único discurso sobre Deus **e** sobre o homem."

[67] MESTERS, C.; OROFINO, F. **A Terra é nossa Mãe:** Gênesis 1–12. op. cit. p. 08.

3.1 A CRIAÇÃO NA VISÃO SACERDOTAL (Gn 1,1–2,4a)

O texto sagrado será apresentado aqui para que, sempre que necessário, voltemos a ele, seja para perceber seu peso teológico, seja para vê-lo sob o prisma de uma leitura ecológica.[68]

1 ***A obra dos seis dias*** – [1]No princípio, Deus criou o céu e a terra. [2]Ora, a terra
estava vazia e vaga, as trevas cobriam o abismo, e um sopro de Deus agitava a
superfície das águas.
[3]Deus disse: "Haja luz", e houve luz. [4]Deus viu que a luz era boa, e Deus separou a
luz e as trevas. [5]Deus chamou à luz "dia" e às trevas "noite". Houve uma tarde e
uma manhã: primeiro dia.
[6]Deus disse: "Haja um firmamento no meio das águas e que ele separe as águas das
águas", e assim se fez. [7]Deus fez o firmamento, que separou as águas que estão sob
o firmamento das águas que estão acima do firmamento, [8]e Deus chamou ao
firmamento "céu". Houve uma tarde e uma manhã: segundo dia. [9]Deus disse: "Que
as águas que estão sob o céu se reúnam num só lugar e que apareça o continente", e
assim se fez. [10]Deus chamou ao continente "terra" e à massa das águas "mares", e
Deus viu que isso era bom.
[11]Deus disse: "Que a terra verdeje de verdura: ervas que deem semente e árvores
frutíferas que deem sobre a terra, segundo sua espécie, frutos contendo sua
semente", e assim se fez. [12]A terra produziu verdura: ervas que dão semente segundo
sua espécie, árvores que dão, segundo sua espécie, frutos contendo sua semente, e
Deus viu que isso era bom. [13]Houve uma tarde e uma manhã: terceiro dia.
[14]Deus disse: "Que haja luzeiros no firmamento do céu para separar o dia e a noite;
que eles sirvam de sinais, tanto para as festas quanto para os dias e os anos; [15]que
sejam luzeiros no firmamento do céu para iluminar a terra", e assim se fez. [16]Deus
fez os dois luzeiros maiores: o grande luzeiro como poder do dia e o pequeno luzeiro
como poder da noite, e as estrelas. [17]Deus os colocou no firmamento do céu para
iluminar a terra, [18]para comandar o dia e a noite, para separar a luz e as trevas, e
Deus viu que isso era bom. [19]Houve uma tarde e uma manhã: quarto dia.
[20]Deus disse: "Fervilhem as águas um fervilhar de seres vivos e que as aves voem
acima da terra, sob o firmamento do céu", e assim se fez. [21]Deus criou as grandes
serpentes do mar e todos os seres vivos que rastejam e que fervilham nas águas
segundo sua espécie, e as aves aladas segundo sua espécie, e Deus viu que isso era
bom. [22]Deus os abençoou e disse: "Sede fecundos, multiplicai-vos, enchei a água
dos mares, e que as aves se multipliquem sobre a terra." [23]Houve uma tarde e uma
manhã: quinto dia.
[24]Deus disse: "Que a terra produza seres vivos segundo sua espécie: animais
domésticos, répteis e feras segundo sua espécie", e assim se fez. [25]Deus fez as feras
segundo sua espécie, os animais domésticos segundo sua espécie e todos os repteis
do solo segundo sua espécie, e Deus viu que isso era bom.
[26]Deus disse: "Façamos o homem à nossa imagem, como nossa semelhança, e que
eles dominem sobre os peixes do mar, as aves do céu, os animais domésticos, todas
as feras e todos os répteis que rastejam sobre a terra."
[27]Deus criou o homem à sua imagem,
à imagem de Deus ele o criou,

[68] Para conferir o texto em hebraico, vide anexo.

> homem e mulher os criou.
> [28]Deus os abençoou e lhes disse: "Sede fecundos, multiplicai-vos, enchei a terra e submetei-a; dominai sobre os peixes do mar, as aves do céu e todos os animais que rastejam sobre a terra." [29]Deus disse: "Eu vos dou todas as ervas que dão semente, que estão sobre a superfície da terra, e todas as árvores que dão frutos que dão semente: isso será vosso alimento. [30]A todas as feras, a todas as aves do céu, a tudo que rasteja sobre a terra e que é animado de vida, eu dou como alimento toda a verdura das plantas", e assim se fez. [31]Deus viu tudo o que tinha feito: e era muito bom. Houve uma tarde e uma manhã: sexto dia.
>
> **2** [1]Assim foram concluídos o céu e a terra, com todo o seu exército. [2]Deus concluiu no sétimo dia a obra que fizera e no sétimo dia descansou, depois de toda obra que fizera. [3]Deus abençoou o sétimo dia e o santificou, pois nele descansou depois de toda a sua obra de criação.
> [4a]Essa é a história do céu e da terra, quando foram criados.

O autor sacerdotal constrói uma bela moldura para sustentar a pintura, como já temos dito. E, além disso, o seu relato das origens coloca os primórdios de Israel em uma moldura de história universal.[69] Não somente a tradição posterior, mas também o material básico usado pelo hagiógrafo sacerdotal situa a história de Israel num nexo inseparável com o mundo, porque o crê como criação de Iahweh.[70] Nisto reside a relevância da teologia contida no escrito sacerdotal. Há um programa desenvolvido magistralmente pelo autor do ponto de vista teológico com grande importância para a discussão ecológica. Percebê-lo é de fundamental urgência, pois a *"criação inteira geme e sofre as dores de parto"* (Rm 8,22): a terra foi planejada como casa de vida para todos. Destruí-la, qual ato suicida, é afastar-se de Deus Criador e impedir que seja realizada a salvação desejada por ele. Deus quer e realiza a salvação da Criação.[71] A primeira frase do texto (Gn 1,1), aliás, é uma espécie de lema com o qual o hagiógrafo se apresenta e apresenta sua obra. Nela, ele formula, a seu modo, sucintamente, o fundamento sobre o qual Israel – e toda a humanidade – pode depositar sua esperança: quem se funda sobre o poder criador do Deus vivo não precisa se conformar diante da aparente supremacia das criaturas, do desespero causado pela iminente destruição de tudo e

---

[69] Cf. WOLFF, Hans W. **Bíblia: Antigo Testamento:** Introdução aos escritos e aos métodos de estudo. op. cit. p. 33.
[70] ZENGER, Erich. et al. **Introdução ao Antigo Testamento.** op. cit. p. 136.
[71] ZENGER, Erich. et al. **Introdução ao Antigo Testamento.** op. cit. p. 136.

de todas as condições que oferecem possibilidade à vida e ao seu pleno desenvolvimento. *"Aquele que deu início à vida não solta essa vida da sua mão."*[72]

É interessante observar que essa perspectiva universalista da disposição da história de Israel, que se insere dentro do contexto maior da história da humanidade, é própria do javista, antes que do sacerdotal. Isso aparece claro em todos os 11 primeiros capítulos do Gênesis. Embora o autor sacerdotal introduza e suplemente a narrativa javista com as suas tradições, o tema dominante permanece o do javista: *"por causa do pecado, a humanidade afasta-se cada vez mais de seu Deus."* [73]

Aos poucos, vamos penetrando o sentido bíblico-teológico do texto; retomando um exemplo que usamos, vamos nos tornando mais familiares dos bastidores. Assim, um fio condutor se desenha à nossa frente, para sermos capazes de perceber a verdade sobre *Creator-creatione-creatura* (Criador-criação-criatura). Diacronicamente, isto é, do ponto de vista do tempo, Deus cria e sustenta[74] sempre a sua obra e a humanidade tem sua parcela de responsabilidade nisso; sincronicamente, isto é, do ponto de vista do espaço, Deus age tanto na Igreja quanto no mundo. Naquela, despertando a consciência cristã para a necessidade de os cristãos levantarem a voz contra uma civilização predatória que põe em risco a vida sobre a terra; neste, porque no dia-a-dia, enquanto rege o mundo, Deus desperta a consciência humana para que os homens assumam uma prática sadia e um comportamento ético no trato com todas as coisas criadas. A sociedade na qual vivemos tornou-se predatória sobretudo depois do início da modernidade. Se a situação não mudar... Deus nos ajude!

---

[72] Cf. ZENGER, Erich. et al. **Introdução ao Antigo Testamento.** op. cit. p. 129-130.

[73] BERGANT, Dianne; KARRIS, Robert J. (orgs.). **Comentário Bíblico.** V. 1: Introdução; Pentateuco; Profetas Anteriores. op. cit. p. 56-57.

[74] **MYSTERIUM SALUTIS II/2**. p. 116: "A Providência divina constitui na afirmação bíblica fundamental do Criador salvífico o fato primordial mais direto, o fato que desperta o primeiro e maior interesse. Israel experimenta a providência de seu Deus da Aliança como poder absoluto que orienta seus destinos em meio aos povos. [...] Não somente os grandes acontecimentos da história, mas também as necessidades anuais e cotidianas da comunidade do povo estão sob a Providência divina." Sobre a Providência cf. também RUBIO, Alfonso García. **Unidade na Pluralidade.** op. cit. p. 221.

Pensemos esse esquema: todas as criaturas saíram de Deus e, da mesma forma, todas as criaturas voltarão para ele. Santo Tomás de Aquino, a quem pertence esse esquema, diz: *"Convém que para aquelas coisas pelas quais se realizou no princípio a saída das criaturas de Deus, para estas mesmas ocorra também o seu regresso a Deus [...]."*[75] A saída (*egressus a Deo*) e o regresso (*regressus ad Deum*) indicam dois movimentos objetivos, universais, independentes do homem. Quer queira quer não, tudo saiu de Deus e a ele regressa; se não for para receber o prêmio, será para tê-lo como juiz. Em algum momento, também a natureza julga o homem por seu comportamento com relação a ela. Popularmente, se diz isso da natureza assim: "Deus perdoa sempre; o homem, às vezes; a natureza, nunca!"

Mas a saída e o regresso não são os únicos movimentos existentes nessa relação. Assim, do âmbito da Criação passamos ao da conversão. Acrescente-se, então, aos dois movimentos anteriores mais dois. Com o pecado, conforme o tom javista assumido pelo sacerdotal, o homem transformou a *saída* das criaturas de Deus, isto é, a Criação, em um *afastamento* de Deus (*aversio a Deo*). Eis por que o movimento de *regresso* das criaturas a Deus não se pode realizar, doravante, a não ser sob a forma de *conversão* a Deus (*conversio ad Deum*). Diferente dos dois movimentos objetivos, de saída e regresso, o afastar-se e o converter-se a Deus indicam dois movimentos subjetivos, duas decisões livres do ser humano. *"Como o homem transformou a saída de Deus em um voltar as costas para Deus, agora deve transformar o simples regresso a Deus em uma conversão para Deus."*[76] Como pode fazer isso? De muitas formas, dentre as quais está justamente uma nova postura com relação à natureza e ao meio ambiente. Neste processo de conversão, a fé nos garante, a humanidade não está sozinha, entregue à própria sorte. Por isso, é possível mudar.

---

[75] Citado por CANTALAMESSA, Raniero. **O Canto do Espírito:** Meditações sobre o *Veni Creator.* Petrópolis, RJ: Vozes, 1998. p. 53.
[76] CANTALAMESSA, Raniero. **O Canto do Espírito:** Meditações sobre o *Veni Creator.* op. cit. p. 57.

Deixemos o homem e a natureza por ora. Voltemos ao texto e ao que ele diz sobre Deus. Depois, quando voltarmos a tratar a questão ecológica, à luz do que dissermos, poderemos concluir nosso trabalho.

3.2 A AUTORIDADE DA PALAVRA CRIADORA DE DEUS

O que dá forma e coesão às narrações sacerdotais é a palavra de Iahweh, pronunciada com uma autoridade indiscutível. A expressão mais completa dela se encontra, justamente, em Gn 1,1–2,4a e dela derivam todos os empregos teológicos subsequentes, sobre alguns dos quais falaremos um pouco agora.

3.2.1 A CRIAÇÃO É UM ACONTECIMENTO QUE SURGE DA PALAVRA[77]

A humanidade admite seu caráter criatural e também o do mundo. Desde os tempos antigos, essa é uma verdade que se expressa de várias formas, como pudemos perceber no primeiro capítulo. As expressões dessa verdade básica supõe a verdade sobre o Criador. A Criação tanto na história das religiões quanto na Bíblia está cristalizada em, basicamente, quatro tipos de origens:[78] 1. Criação mediante ato direto (encontrada em relatos de culturas primitivas e, na Bíblia, em Gn 2,7); 2. Criação mediante procriação e nascimento (era muito presente no Egito Antigo); 3. Criação mediante conflito mítico (estes dois tipos pertencem ao pensamento mítico-politeísta, supondo pluralidade de deuses, sujeitas a rivalidades e casos de amor. São predominantes nas nações limítrofes de Israel. O clássico desse tipo é o que narra o conflito entre deuses na origem do mundo, o *Enuma elish* da

[77] O autor sacerdotal antepõe sistematicamente a todas as obras justamente o criar pela palavra. No entanto, não podemos deixar de considerar nesta nota o seguinte: a versão-palavra (Wortbericht) confronta-se no texto também com a primitiva versão-ação (Tatbericht). Com isso, o texto quer apresentar uma criação na qual Deus "age" sem luta, sem esforço, com absoluta liberdade e independência de qualquer condicionamento. *"Introduzindo cada uma das obras com este* וַיֹּאמֶר אֱלֹהִים *(e Deus disse), o hagiógrafo ratifica uma vez após a outra o que já se havia dito de maneira sintética no v. 1 [...]."* PEÑA, Juan L. Ruiz de la. **Teologia da Criação.** op. cit. p. 32.

[78] Cf. WESTERMANN, Claus. **Teologia do Antigo Testamento.** op. cit. p. 76.

Babilônia. Conforme já vimos, esses tipos deixaram vestígios no Antigo Testamento); 4. Criação mediante uma palavra (esse é um tipo especificamente teológico-especulativo: é fruto de reflexões sobre o fenômeno das origens[79]).

No relato genesíaco da criação, Deus chama as coisas a serem por sua palavra (cf. Gn 1,3.6.9.14.24.26). A mesma palavra pronunciada para convocar Israel, chamando-o a ser um povo (cf. Is 45,3-4; 48,12), conduzindo-o em sua história. Nessa palavra fundante de Israel e do mundo está a subsistência, sem a qual vida alguma é possível. Portanto, a criação é um evento verbal. E, de fato, a ideia bíblica de criação se expressa com o verbo בָּרָא (bara), cujo sujeito só pode ser Deus.[80] O conceito expresso por esse verbo hebraico denota não só a ação de dar princípio à realidade, mas também a ação restauradora e consumadora dela.[81] Em outras palavras, Deus cria quando: 1. chama à existência seres que não existem; 2. sustenta as criaturas na existência; escolhe um grupo humano para ser seu povo e refaz a criação ferida pelo pecado; 3. conduz essa mesma criação redimida à plenitude do ser e do sentido. Segundo von Rad, *"a noção de criação pela palavra deve, pois, ser entendida como uma interpretação do* bara *do versículo primeiro. Ele dá uma ideia de ausência total do esforço na criação*

---

[79] Embora seja de tipo teológico-especulativo, esse tipo de narração das origens não está presente apenas no relato sacerdotal de Gn 1. Por exemplo, o deus egípcio Ptah, da Teologia de Mênfis, também cria pela palavra... e bem antes de Elohim! *"Esta concepção da criação do mundo pela palavra tem amplo embasamento na história das religiões. Na época babilônica da criação do mundo,* Enuma elish *prova a Marduk seu poder divino, chamando um objeto à existência por sua palavra imperativa, fazendo-o desaparecer logo depois (tábua 4,20ss). Sob essa concepção há manifestamente a crença corrente na força mágica da palavra, que comprovaria a perfeição por excelência dos deuses. Gn 1 parece estar mais próximo, em vista de alguns de seus traços, do antigo Egito ('menfítico'), onde Ptah, deus do universo, exercia a sua atividade criadora 'com o coração e com a língua', isto é, com a palavra. [...] Esse 'paralelo' da história da criação torna-se mais interessante porque constitui, nessa teologia, a primeira tentativa metódica de superar a pluralidade dos deuses pela unidade."* RAD, G. Von. **Teologia do Antigo Testamento.** op. cit. p. 150-151.

[80] CATECISMO DA IGREJA CATÓLICA, 290. בָּרָא In.: SCHÖKEL, Luis A. **Dicionário Bíblico Hebraico-Português.** São Paulo: Paulus, 1997. p. 116. (Col. Dicionários); Criação. In.: MCKENZIE, John L. **Dicionário Bíblico.** São Paulo: Paulinas, 1983. p. 197; **Mysterium Salutis II/2**. p. 27: "ao lado duma porção de verbos como 'fazer, formar, determinar, fundar, adquirir', o idioma hebraico dispõe do verbo específico בָּרָא (bara), para exprimir a atividade criadora de Deus, verbo este, para o qual em nenhuma outra língua se encontra um equivalente. Com exceção de dois outros sentidos secundários, em que este radical é às vezes empregado, trata-se aqui de um verbo com sentido teológico determinado, que tem por sujeito unicamente a Deus."

[81] **MYSTERIUM SALUTIS II/2.** p. 62-63: "No Antigo Oriente a palavra tem poder, e a palavra divina, poder criador. O hebraico דָּבָר (dabar) indica etimologicamente que em Deus se oculta uma força eficiente que se quer manifestar; tem caráter ativo, dinâmico (cf. Is 55,11)."

divina. Basta uma breve proclamação da vontade de Iahweh para que o mundo seja chamado à existência."[82]

Dadas essas informações, podemos pensar a afirmação teológica segundo a qual Deus criou tudo o que existe a partir do nada, *ex nihilo.*

3.2.2 *CREATIO EX NIHILO*

Deus cria do nada.[83] Algumas considerações precisam ser feitas a esse respeito, porque essa afirmação teológica não pode ser exigida do autor ou mesmo do texto sacerdotal. Se fosse, cairíamos em um enorme anacronismo. Fique claro, não se trata de negar a *criação do nada.* Mas é extremamente improvável que o autor sacerdotal o tenha afirmado tão explicitamente. Ora, *"a tese da* creatio ex nihilo *é fruto de um pensamento metafísico, acostumado à lógica da abstração. Aparecerá na Bíblia ao final de um longo processo de reflexão e graças ao contato com a mentalidade e a linguagem do helenismo."*[84] John L. McKenzie no-lo confirma: *"Como ensina a teologia moderna, a criação a partir do nada pressupõe uma filosofia da natureza que os hebreus não possuíam. Os hebreus não respondiam ao problema da criação a partir do nada porque eram incapazes de fazê-lo."*[85]

Em assim sendo, de onde vem a interpretação segundo a qual a partir de Gn 1 se lê a tese *ex nihilo*? Provavelmente, essa leitura, ou melhor, releitura do texto foi feita por conta da força conceitual contida no verbo בָּרָא (bara), para o qual somente a divindade cabe como sujeito. A seu modo, segundo alguns, o autor sacerdotal subscreveria o conteúdo conceitual da tese por causa do conteúdo conceitual do verbo. Tanto é que, quanto a essa

---

[82] RAD, G. Von. **Teologia do Antigo Testamento.** op. cit. p. 150.
[83] CATECISMO DA IGREJA CATÓLICA, 296-298.
[84] De fato, a formulação conceitual da *creatio ex nihilo* aparece pela primeira vez em 2Mc 7,28: *"Eu te suplico, meu filho, contempla o céu e a terra e observa tudo o que neles existe. Reconhece que não foi de coisas existentes que Deus os fez, e que também o gênero humano surgiu da mesma forma."* O texto é da época do helenismo. Portanto, não pode ser usado para sustentar uma teologia da criação *ex nihilo* em Gn 1. Foi escrito em grego, para os judeus de Alexandria, com ambiente e pensamento helenísticos, estilo helenístico, onde as discussões sobre a criação colocavam – com os recursos da filosofia grega – este problema. Cf. também PEÑA, Juan L. Ruiz de la. **Teologia da Criação.** op. cit. p. 39.
[85] Criação. In.: MCKENZIE, John L. **Dicionário Bíblico.** op. cit. p. 197.

discussão, Von Rad, quando menciona o ato criador, lembra que o sacerdotal não faz referência a nenhuma matéria preexistente a partir da qual Iahweh poderia ter criado. Essa informação ofereceu margem para unir à ideia da ausência de matéria a da criação do nada. Assim diz: a ação criadora de Deus, expressa pelo verbo usado pelo autor sacerdotal, *"nunca é posta em relação com matéria pré-existente sobre a qual se sobreporia"*. Por conta disso, podemos, de forma implícita, encontrar no texto bíblico *"a concepção da criação 'do nada'."*[86]

Quanto a isso, Jorge Pixley é mais direto; ele nega esta sentença, quando diz: *"A Bíblia não afirma a doutrina que chegou a ser muito difundida na Igreja – a de que Deus criou os céus e a terra do nada,* ex nihilo. *O relato de Gn 1,1–2,4a não pressupõe essa crença."*[87] Para ele, Deus apenas teria imposto um limite para as águas primigênias, para o caos. Nesse sentido, ele não é o único. Há um consenso em afirmar que a questão em Gn 1 não é a *creatio ex nihilo*, mas a ação livre e soberana de Elohim, demitizando os deuses do dominador. Assim, acentua-se muito mais o caráter político próprio do texto. A ideia é que seja recuperada e mantida a ordem e a lógica hebraica: Gn 1 é um texto fortemente "político", afinal de contas, vale relembrar, nasce no contexto do exílio na Babilônia. Sua intenção está em apresentar a fraqueza dos deuses dos dominadores babilônicos. Justamente por isso contém uma mensagem de esperança: o domínio da Babilônia sobre o povo de Judá não é legítimo e nem vai prevalecer. Isso se sente no texto quando ele nos apresenta o seguinte: 1) o caos é inerte (v. 2), e não deuses primordiais em luta com Elohim; 2) a luz não é uma emanação divina, mas é criação de Elohim; 3) sol e lua nem nome têm, são luzeiros, e criados por Elohim, pois não são deuses (na Babilônia eram os importantes deuses *Shamash* e *Sin*); 4) a humanidade é criada livre e abençoada, não amaldiçoada e condenada ao trabalho forçado, como no *Enuma elish*. Com tudo isso, basicamente se afirma que o exílio é o caos onde os

---

[86] RAD, G. Von. **Teologia do Antigo Testamento.** op. cit. p. 150.
[87] PIXLEY, J. **O Deus Libertador na Bíblia.** op. cit. p. 92.

exilados eram obrigados à corveia.[88] *"A ação de Elohim opera a passagem para o cosmos, ou seja, o texto é uma metáfora da possibilidade de voltar à terra de Israel e ser de novo um povo. É o anúncio de uma boa-nova. É um panfleto subversivo."*[89]

Para terminar essas considerações, gostaríamos de apresentar mais duas opiniões, que não divergem essencialmente do que até aqui se disse, mas, em um ponto ou outro, acrescentam informações valiosas para o que pretendemos a seguir.

Luis Alonso Schökel no Dicionário Bíblico Hebraico-Português define בָּרָא (bara) e ao lado de traduções como "criar", "fazer", "produzir", "fundar", "formar", "plasmar", coloca justamente "dar o ser", "tirar do nada", concordando em deixar sempre Deus como sujeito exclusivo desse verbo. Seguindo, apresentamos o que W. H. Schmidt propõe para esse discussão acerca do verbo בָּרָא (bara). Percebe-se que a matriz grega da *creatio ex nihilo* não domina a definição, mas aparece como consequência, o que também não pode ser desconsiderado. Diz:

> o emprego de בָּרָא está caracterizado por algumas por algumas particularidades: a) o sujeito da afirmação é sempre Deus, concretamente o Deus de Israel, nunca uma divindade estrangeira (cf., por exemplo, Ez 28,13.15). "O mais importante é que se trata de um termo próprio para referir-se unicamente à ação criadora de Deus e para distingui-la de toda obra e realização humanas" (J. Wellhausen). [...] b) nunca se menciona uma matéria (expressada pelo acusativo ou por meio de uma preposição) a partir da qual Deus cria (sobretudo Gn 1,27); c) os objetos de בָּרָא são diversos, porém, na maioria das vezes se trata de algo especial, extraordinário, novo: 1) o céu e/ou a terra: Gn 1,1; 2,4; Is 65,17 [...]; 2) os homens: Gn 1,27; 5,1s; 6,7; Dt 4,32 [...]; 3) o povo de Israel: Is 43,1.15; Sl 102,19 [...]; 4) algo maravilhoso, novo, ou coisas semelhantes: Ex 34,10; Nm 16,30; Is 48,6ss [...]. O decisivo aqui – como resulta dos parágrafos 3) e 4) – não é que antes da criação não havia "nada", senão que o feito da atuação de Deus faz surgir algo novo, algo que antes não existia desse modo (cf. também Is 41,20; Sl 51,12; 102,19). O verbo não designa uma *creatio ex nihilo,* porém significa precisamente o que em outras mentalidades se quer assegurar por meio da expressão *creatio ex nihilo:* a criação extraordinária, soberana, sem esforço e completamente livre, da parte de Deus.[90]

---

[88] Trabalho compulsório para o Estado Babilônico.

[89] SILVA, Airton José da. *Via e-mail.*

[90] SCHMIDT. W. H. בָּרָא br' crear. In.: JENNI, E.; WESTERMANN, C. **Diccionario Teologico manual del Antiguo Testamento.** Madrid: Ediciones Cristiandad, 1978; cf. também "criação" In.: A. VAN DEN BORN, **Dicionário Enciclopédico da Bíblia.** 2. ed. Petrópolis: Vozes, 1977. p. 314-318.

Afirmar que Deus "cria pela palavra" e "do nada" é algo fundamental para a teologia da criação e para a aplicação dessa teologia no âmbito da discussão ecológica. Com efeito,

> com a criação "da palavra" de Deus "do nada", afirma-se que o desígnio da vontade livre e soberana está acima de qualquer destino cego e trágico. [...] Portanto, a criação, que provém da palavra e do nada – não de coisas existentes –, transcende o aniquilamento, porque mesmo aí, no nada do aniquilamento, pode ressoar sempre a palavra criadora fiel à sua decisão que retira exatamente "do nada", por mais que o nada seja aniquilador e mortal. [...] Assim, a percepção da fé de que Deus cria "do nada" corrobora a esperança na justiça do Criador para com todos os abortados e esmagados da criação.[91]

3.3 A CRIAÇÃO É OBRA DA TRINDADE[92]

Há ainda uma afirmação teológica, extraída depois, das primeiras palavras da Escritura da qual decorre outra, intimamente ligada a ela. A primeira é justamente aquela segundo a qual tudo quanto Deus faz *ad extra*, isto é, para fora de si, o faz trinitariamente. Porque Deus é Trindade. Portanto, sempre age de forma unitária e trinitariamente. A segunda, decorrente dessa, é a afirmação segundo a qual tudo foi criado pelo Verbo, o Filho eterno do Pai, e sem ele nada do que há foi feito (cf. Jo 1,1-3). Como Deus Pai criou tudo por meio de seu Filho no Espírito, então todas as coisas criadas estão orientadas para o Filho (cf. Cl 1,16-17).[93]

Com essas afirmações bíblico-teológicas, nós encerramos este último capítulo. Elas são necessárias para fundamentar as nossas considerações finais. Sem esses temas ficaria oculta a última razão teológica da criação e o fim para o qual caminha. Portanto, o terreno está

---

[91] SUSIN, Luiz Carlos. **A Criação de Deus.** São Paulo: Paulinas; Siquem, 2003. p. 61-62. (Livros Básicos de Teologia: Deus e Criação, 5).

[92] Para o que dissermos neste item, valem as indicações do item anterior: também é um conceito tardio, da Revelação cristã. Não existe na Bíblia Hebraica. Quando é encontrado em textos como o da Criação, também é uma releitura cristã de textos judaicos. Esse pressuposto é necessário aqui.

[93] CATECISMO DA IGREJA CATÓLICA, 290-292.

preparado. À luz do que dissemos, como olhar para o relacionamento que se estabeleceu com a criação? Evidentemente, há muito mais para dizer do ponto de vista bíblico e do ponto de vista teológico, mas o que pudemos colher das nossas pesquisas e leituras basta para oferecermos uma tênue luz para perspectivas de uma teologia da criação que mostre interesse pelo debate ecológico, necessário e urgente.

CONSIDERAÇÕES FINAIS

O mundo é criação de Deus, à imagem do Filho, criado no Espírito. Portanto, é um universo plural e abençoado, que precisa ser salvo e seguro. Cada uma das suas criaturas torna-se, assim, um sinal da bondade e da graça do Criador. A humanidade não foge disso. Esta é outra contribuição teológica fundada no texto de Gn 1,1–2,4a, mais especificamente a afirmação de Gn 1,27-28, que, propositalmente, guardamos para agora.

O homem precisa recobrar a consciência de que é uma criatura[94] e, justamente por isso, deveria espontaneamente ser induzido ao respeito em face da criação. O homem, imagem de Deus, a quem em Gn 1,28 se entrega o destino do que foi criado, não é, absolutamente, senhor arrogante e despótico. É apenas intendente e gerente, administrador e tutor. Sendo assim, por sua própria constituição, ele não está autorizado a saquear, explorar até o esgotamento, destruir a realidade que lhe é confiada e da qual é solidário. O que deve realmente fazer é promovê-la, dar-lhe tutela e levá-la à plenitude. Fazer o contrário disto leva a consequências desastrosas para o próprio homem e para o meio ambiente que lhe é vital.

---

[94] O ser humano é criado à imagem e semelhança do Criador. Tem uma dignidade acima da de qualquer outra das criaturas. Mas é sempre criatura e não emanação divina.

Segundo G. von Rad, *"como imagem de Deus, o homem está colocado bem acima de todas as criaturas, mas a sua própria dignidade de pessoa lhe impõe também um limite superior."*[95] Com isto, não se quer dizer que Iahweh tenha uma forma humana. É o homem criado que tem a forma de Iahweh. *"[...] A fé em Iahweh não considerou jamais Deus como antropomorfo, mas, pelo contrário, encarou o homem como teomorfo."*[96] Mas o sacerdotal tem uma intenção fundamental e ricamente teológica ao afirmar a semelhança divina no homem criado. Ele fala da finalidade de o homem ter sido criado assim lembrando os deveres que lhe são impostos quando ele é constituído senhor, ou melhor, administrador do mundo. Deus colocou o homem no mundo como sinal de sua soberania, daí a intensidade dos imperativos do texto: submeter e dominar. Mas o colocou assim para guardar o que, na verdade, pertence ao Senhor.

> Os grandes reis terrestres tinham também o hábito de levantar em seus impérios estátuas que os representavam e como sinais de sua majestade. Foi nesse sentido que Israel considerou o homem como mandatário de Deus. [...] O elemento fundamental da imagem de Deus é a função do homem para com o mundo extra-humano. Além de vir de Deus, a criação é dotada, pela semelhança divina do homem, de uma certa finalidade que a ordena a Deus.[97]

Esta é uma indicação crucial que o texto nos dá: o mundo e o homem têm seu próprio valor intrínseco diante de Deus que os criou. O mundo não foi criado simplesmente para uso humano, nem apenas é um instrumento para servir às necessidades humanas. Tampouco o homem foi criado para usar o mundo assim, explorando-o, destruindo-o, submetendo-o e dominando-o despoticamente. Não. A Bíblia nem a teologia não podem mais reduzir o cuidado divino a uma espécie recém-chegada, a saber, nós mesmos. Mais do que ser

---

[95] RAD, G. Von. **Teologia do Antigo Testamento.** op. cit. p. 152.
[96] RAD, G. Von. **Teologia do Antigo Testamento.** op. cit. p. 153.
[97] RAD, G. Von. **Teologia do Antigo Testamento.** op. cit. p. 154.

um palco para o nosso drama de afastamento e conversão, o mundo natural é criação amada que Deus valoriza por ela mesma.

Isto projeta uma forte luz moral sobre os dilemas ecológicos: um universo moral que ofereça alguma solução para esses dilemas não pode mais reduzir-se apenas às pessoas. Isso já não é mais adequado. A reflexão deve estender-se para além da humanidade, concentrando-se com vigorosa atenção moral sobre todo tipo de vida criada e existente. *"A contínua destruição da Terra através dos atos humanos de ecocídio, biocídio, genocídio é uma profanação profundamente pecaminosa."*[98]

Enfim, opondo-se a essa destruição e pedindo uma postura de cuidado, de proteção e restauração mais do que de dominação, o texto genesíaco da tradição sacerdotal relembra-nos o lugar do ser humano no mundo criado, sendo ele mesmo lembrado de que é criatura. Portanto, sempre haverá esperança para a construção do paraíso terrestre quando *"o respeito pela vida e pela dignidade da pessoa humana estender-se também ao resto da criação."*[99]

---

[98] JOHNSON, Elizabeth A. Espírito criador e ética ecológica: uma fronteira antiga. In.: **CONCILIUM.** n. 342 (2011/4). Petrópolis, RJ: Vozes, 2008. p. 29.

[99] JOÃO PAULO II. citado por JOHNSON, Elizabeth A. Espírito criador e ética ecológica: uma fronteira antiga. In.: **CONCILIUM.** n. 342 (2011/4). op. cit. p. 28.

ANEXO

BIBLIA HEBRAICA STUTTGARTENSIA

Biblia Hebraica Stuttgartensia. 4a. ed. corrigida. Editada por K. Elliger e W. Rudolph, Stuttgart: Deutsche Bibelgesellschaft, 1990.

* * * * *

Gn 1,1–2,4a

Gn 1,1 בְּרֵאשִׁ֖ית בָּרָ֣א אֱלֹהִ֑ים אֵ֥ת הַשָּׁמַ֖יִם וְאֵ֥ת הָאָֽרֶץ׃

Gn 1,2 וְהָאָ֗רֶץ הָיְתָ֥ה תֹ֙הוּ֙ וָבֹ֔הוּ וְחֹ֖שֶׁךְ עַל־פְּנֵ֣י תְה֑וֹם וְר֣וּחַ
אֱלֹהִ֔ים מְרַחֶ֖פֶת עַל־פְּנֵ֥י הַמָּֽיִם׃

Gn 1,3 וַיֹּ֥אמֶר אֱלֹהִ֖ים יְהִ֣י א֑וֹר וַֽיְהִי־אֽוֹר׃

Gn 1,4 וַיַּ֧רְא אֱלֹהִ֛ים אֶת־הָא֖וֹר כִּי־ט֑וֹב וַיַּבְדֵּ֣ל אֱלֹהִ֔ים בֵּ֥ין
הָא֖וֹר וּבֵ֥ין הַחֹֽשֶׁךְ׃

Gn 1,5 וַיִּקְרָ֨א אֱלֹהִ֤ים ׀ לָאוֹר֙ י֔וֹם וְלַחֹ֖שֶׁךְ קָ֣רָא לָ֑יְלָה
וַֽיְהִי־עֶ֥רֶב וַֽיְהִי־בֹ֖קֶר י֥וֹם אֶחָֽד׃ פ

Gn 1,6 וַיֹּ֣אמֶר אֱלֹהִ֔ים יְהִ֥י רָקִ֖יעַ בְּת֣וֹךְ הַמָּ֑יִם וִיהִ֣י מַבְדִּ֔יל
בֵּ֥ין מַ֖יִם לָמָֽיִם׃

Gn 1,7 וַיַּ֣עַשׂ אֱלֹהִים֮ אֶת־הָרָקִיעַ֒ וַיַּבְדֵּ֗ל בֵּ֤ין הַמַּ֙יִם֙ אֲשֶׁר֙
מִתַּ֣חַת לָרָקִ֔יעַ וּבֵ֣ין הַמַּ֔יִם אֲשֶׁ֖ר מֵעַ֣ל לָרָקִ֑יעַ וַֽיְהִי־כֵֽן׃

Gn 1,8 וַיִּקְרָ֧א אֱלֹהִ֛ים לָֽרָקִ֖יעַ שָׁמָ֑יִם וַֽיְהִי־עֶ֥רֶב וַֽיְהִי־בֹ֖קֶר י֥וֹם
שֵׁנִֽי׃ פ

Gn 1,9 וַיֹּ֣אמֶר אֱלֹהִ֗ים יִקָּו֨וּ הַמַּ֜יִם מִתַּ֤חַת הַשָּׁמַ֙יִם֙ אֶל־מָק֣וֹם
אֶחָ֔ד וְתֵרָאֶ֖ה הַיַּבָּשָׁ֑ה וַֽיְהִי־כֵֽן׃

Gn 1,10 וַיִּקְרָ֨א אֱלֹהִ֤ים ׀ לַיַּבָּשָׁה֙ אֶ֔רֶץ וּלְמִקְוֵ֥ה הַמַּ֖יִם קָרָ֣א
יַמִּ֑ים וַיַּ֥רְא אֱלֹהִ֖ים כִּי־טֽוֹב׃

Gn 1,11 וַיֹּ֣אמֶר אֱלֹהִ֗ים תַּֽדְשֵׁ֤א הָאָ֙רֶץ֙ דֶּ֔שֶׁא עֵ֚שֶׂב מַזְרִ֣יעַ זֶ֔רַע
עֵ֣ץ פְּרִ֞י עֹ֤שֶׂה פְּרִי֙ לְמִינ֔וֹ אֲשֶׁ֥ר זַרְעוֹ־ב֖וֹ עַל־הָאָ֑רֶץ וַֽיְהִי־כֵֽן׃

Gn 1,12 וַתּוֹצֵ֨א הָאָ֜רֶץ דֶּ֠שֶׁא עֵ֣שֶׂב מַזְרִ֤יעַ זֶ֙רַע֙ לְמִינֵ֔הוּ וְעֵ֧ץ
עֹֽשֶׂה־פְּרִ֛י אֲשֶׁ֥ר זַרְעוֹ־ב֖וֹ לְמִינֵ֑הוּ וַיַּ֥רְא אֱלֹהִ֖ים כִּי־טֽוֹב׃

Gn 1,13 וַֽיְהִי־עֶ֥רֶב וַֽיְהִי־בֹ֖קֶר י֥וֹם שְׁלִישִֽׁי׃ פ

Gn 1,14 וַיֹּ֣אמֶר אֱלֹהִ֗ים יְהִ֤י מְאֹרֹת֙ בִּרְקִ֣יעַ הַשָּׁמַ֔יִם לְהַבְדִּ֕יל
בֵּ֥ין הַיּ֖וֹם וּבֵ֣ין הַלָּ֑יְלָה וְהָי֤וּ לְאֹתֹת֙ וּלְמ֣וֹעֲדִ֔ים וּלְיָמִ֖ים וְשָׁנִֽים׃

Gn 1,15 וְהָי֤וּ לִמְאוֹרֹת֙ בִּרְקִ֣יעַ הַשָּׁמַ֔יִם לְהָאִ֖יר עַל־הָאָ֑רֶץ
וַֽיְהִי־כֵֽן׃

Gn 1,16 וַיַּ֣עַשׂ אֱלֹהִ֔ים אֶת־שְׁנֵ֥י הַמְּאֹרֹ֖ת הַגְּדֹלִ֑ים אֶת־הַמָּא֤וֹר
הַגָּדֹל֙ לְמֶמְשֶׁ֣לֶת הַיּ֔וֹם וְאֶת־הַמָּא֤וֹר הַקָּטֹן֙ לְמֶמְשֶׁ֣לֶת הַלַּ֔יְלָה
וְאֵ֖ת הַכּוֹכָבִֽים׃

Gn 1,17 וַיִּתֵּ֥ן אֹתָ֛ם אֱלֹהִ֖ים בִּרְקִ֣יעַ הַשָּׁמָ֑יִם לְהָאִ֖יר עַל־הָאָֽרֶץ׃

Gn 1,18 וְלִמְשֹׁל֙ בַּיּ֣וֹם וּבַלַּ֔יְלָה וּֽלֲהַבְדִּ֔יל בֵּ֥ין הָא֖וֹר וּבֵ֣ין
הַחֹ֑שֶׁךְ וַיַּ֥רְא אֱלֹהִ֖ים כִּי־טֽוֹב׃

Gn 1,19 וַֽיְהִי־עֶ֥רֶב וַֽיְהִי־בֹ֖קֶר י֥וֹם רְבִיעִֽי׃ פ

Gn 1,20 וַיֹּ֣אמֶר אֱלֹהִ֔ים יִשְׁרְצ֣וּ הַמַּ֔יִם שֶׁ֖רֶץ נֶ֣פֶשׁ חַיָּ֑ה וְעוֹף֙
יְעוֹפֵ֣ף עַל־הָאָ֔רֶץ עַל־פְּנֵ֖י רְקִ֥יעַ הַשָּׁמָֽיִם׃

Gn 1,21 וַיִּבְרָ֣א אֱלֹהִ֔ים אֶת־הַתַּנִּינִ֖ם הַגְּדֹלִ֑ים וְאֵ֣ת כָּל־נֶ֣פֶשׁ
הַֽחַיָּ֣ה ׀ הָֽרֹמֶ֡שֶׂת אֲשֶׁר֩ שָׁרְצ֨וּ הַמַּ֜יִם לְמִֽינֵהֶ֗ם וְאֵ֨ת כָּל־ע֤וֹף כָּנָף֙
לְמִינֵ֔הוּ וַיַּ֥רְא אֱלֹהִ֖ים כִּי־טֽוֹב׃

Gn 1,22 וַיְבָ֧רֶךְ אֹתָ֛ם אֱלֹהִ֖ים לֵאמֹ֑ר פְּר֣וּ וּרְב֗וּ וּמִלְא֤וּ
אֶת־הַמַּ֙יִם֙ בַּיַּמִּ֔ים וְהָע֖וֹף יִ֥רֶב בָּאָֽרֶץ׃

Gn 1,23 וַֽיְהִי־עֶ֥רֶב וַֽיְהִי־בֹ֖קֶר י֥וֹם חֲמִישִֽׁי׃ פ

Gn 1,24 וַיֹּ֣אמֶר אֱלֹהִ֗ים תּוֹצֵ֨א הָאָ֜רֶץ נֶ֤פֶשׁ חַיָּה֙ לְמִינָ֔הּ בְּהֵמָ֥ה

וָרֶ֛מֶשׂ וְחַֽיְתוֹ־אֶ֖רֶץ לְמִינָ֑הּ וַֽיְהִי־כֵֽן׃

Gn 1,25 וַיַּ֣עַשׂ אֱלֹהִים֩ אֶת־חַיַּ֨ת הָאָ֜רֶץ לְמִינָ֗הּ וְאֶת־הַבְּהֵמָה֙
לְמִינָ֔הּ וְאֵ֛ת כָּל־רֶ֥מֶשׂ הָֽאֲדָמָ֖ה לְמִינֵ֑הוּ וַיַּ֥רְא אֱלֹהִ֖ים כִּי־טֽוֹב׃

Gn 1,26 וַיֹּ֣אמֶר אֱלֹהִ֔ים נַֽעֲשֶׂ֥ה אָדָ֛ם בְּצַלְמֵ֖נוּ כִּדְמוּתֵ֑נוּ וְיִרְדּוּ֩
בִדְגַ֨ת הַיָּ֜ם וּבְע֣וֹף הַשָּׁמַ֗יִם וּבַבְּהֵמָה֙ וּבְכָל־הָאָ֔רֶץ וּבְכָל־הָרֶ֖מֶשׂ
הָֽרֹמֵ֥שׂ עַל־הָאָֽרֶץ׃

Gn 1,27 וַיִּבְרָ֨א אֱלֹהִ֤ים ׀ אֶת־הָֽאָדָם֙ בְּצַלְמ֔וֹ בְּצֶ֥לֶם אֱלֹהִ֖ים
בָּרָ֣א אֹת֑וֹ זָכָ֥ר וּנְקֵבָ֖ה בָּרָ֥א אֹתָֽם׃

Gn 1,28 וַיְבָ֣רֶךְ אֹתָם֮ אֱלֹהִים֒ וַיֹּ֨אמֶר לָהֶ֜ם אֱלֹהִ֗ים פְּר֥וּ וּרְב֛וּ
וּמִלְא֥וּ אֶת־הָאָ֖רֶץ וְכִבְשֻׁ֑הָ וּרְד֞וּ בִּדְגַ֤ת הַיָּם֙ וּבְע֣וֹף הַשָּׁמַ֔יִם
וּבְכָל־חַיָּ֖ה הָֽרֹמֶ֥שֶׂת עַל־הָאָֽרֶץ׃

Gn 1,29 וַיֹּ֣אמֶר אֱלֹהִ֗ים הִנֵּה֩ נָתַ֨תִּי לָכֶ֜ם אֶת־כָּל־עֵ֣שֶׂב ׀ זֹרֵ֣עַ
זֶ֗רַע אֲשֶׁר֙ עַל־פְּנֵ֣י כָל־הָאָ֔רֶץ וְאֶת־כָּל־הָעֵ֛ץ אֲשֶׁר־בּ֥וֹ פְרִי־עֵ֖ץ
זֹרֵ֣עַ זָ֑רַע לָכֶ֥ם יִֽהְיֶ֖ה לְאָכְלָֽה׃

Gn 1,30 וּֽלְכָל־חַיַּ֣ת הָ֠אָרֶץ וּלְכָל־ע֨וֹף הַשָּׁמַ֜יִם וּלְכֹ֣ל ׀ רוֹמֵ֣שׂ
עַל־הָאָ֗רֶץ אֲשֶׁר־בּוֹ֙ נֶ֣פֶשׁ חַיָּ֔ה אֶת־כָּל־יֶ֥רֶק עֵ֖שֶׂב לְאָכְלָ֑ה
וַֽיְהִי־כֵֽן׃

Gn 1,31 וַיַּ֤רְא אֱלֹהִים֙ אֶת־כָּל־אֲשֶׁ֣ר עָשָׂ֔ה וְהִנֵּה־ט֖וֹב מְאֹ֑ד
וַֽיְהִי־עֶ֥רֶב וַֽיְהִי־בֹ֖קֶר י֥וֹם הַשִּׁשִּֽׁי׃ פ

Gn 2,1 וַיְכֻלּ֛וּ הַשָּׁמַ֥יִם וְהָאָ֖רֶץ וְכָל־צְבָאָֽם׃

Gn 2,2 וַיְכַ֤ל אֱלֹהִים֙ בַּיּ֣וֹם הַשְּׁבִיעִ֔י מְלַאכְתּ֖וֹ אֲשֶׁ֣ר עָשָׂ֑ה
וַיִּשְׁבֹּת֙ בַּיּ֣וֹם הַשְּׁבִיעִ֔י מִכָּל־מְלַאכְתּ֖וֹ אֲשֶׁ֥ר עָשָֽׂה׃

Gn 2,3 וַיְבָ֤רֶךְ אֱלֹהִים֙ אֶת־י֣וֹם הַשְּׁבִיעִ֔י וַיְקַדֵּ֖שׁ אֹת֑וֹ כִּ֣י ב֤וֹ
שָׁבַת֙ מִכָּל־מְלַאכְתּ֔וֹ אֲשֶׁר־בָּרָ֥א אֱלֹהִ֖ים לַעֲשֽׂוֹת׃ פ

Gn 2,4 אֵ֣לֶּה תוֹלְד֧וֹת הַשָּׁמַ֛יִם וְהָאָ֖רֶץ בְּהִבָּֽרְאָ֑ם בְּי֗וֹם עֲשׂ֛וֹת
יְהוָ֥ה אֱלֹהִ֖ים אֶ֥רֶץ וְשָׁמָֽיִם׃

REFERÊNCIA BIBLIOGRÁFICA

BÍBLIA

Bíblia de Jerusalém. São Paulo: Paulus, 2002.

DOCUMENTOS DO MAGISTÉRIO

DENZIGER, Heinrich; HÜNERMANN, Peter. **El Magisterio de la Iglesia.** Barcelona: Herder, 1999.

DICIONÁRIOS

A. VAN DEN BORN, **Dicionário Enciclopédico da Bíblia.** 2. ed. Petrópolis: Vozes, 1977.

BERARDINO, Angelo Di (org.). **Dicionário Patrístico e de Antiguidades Cristãs.** Petrópolis, RJ: Vozes; São Paulo: Paulus, 2002.

JENNI, E.; WESTERMANN, C. **Diccionario Teologico manual del Antiguo Testamento.** Madrid: Ediciones Cristiandad, 1978.

MCKENZIE, John L. **Dicionário Bíblico.** São Paulo: Paulinas, 1983.

SCHÖKEL, Luis A. **Dicionário Bíblico Hebraico-Português.** São Paulo: Paulus, 1997. (Col. Dicionários).

OBRAS CONSULTADAS

BERGANT, Dianne; KARRIS, Robert J. (orgs.). **Comentário Bíblico.** V. 1: Introdução; Pentateuco; Profetas Anteriores. 3. ed. São Paulo: Loyola, 2001.

BOFF, Leonardo. **A Trindade e a Sociedade.** Série II: O Deus que liberta o seu povo. 5. ed. Petrópolis, RJ: Vozes, 1999. (Col. Teologia e Libertação).

BRIEND, J. **Uma leitura do Pentateuco.** São Paulo: Paulinas, 1980. (Cadernos Bíblicos, 3).

CANTALAMESSA, Raniero. **O Canto do Espírito:** Meditações sobre o *Veni Creator*. Petrópolis, RJ: Vozes, 1998.

______. **O Verbo se faz carne:** Reflexão sobre a Palavra de Deus – Anos A, B, C. São Paulo: Ave-Maria, 2012.

FOHRER, Georg. **Estruturas Teológicas Fundamentais do Antigo Testamento.** São Paulo: Edições Paulinas, 1982.

GABEL, John B.; WHEELER, Charles B. **A Bíblia como Literatura.** 2. ed. São Paulo: Loyola, 2003. (Col. Bíblica Loyola, 10).

JOHNSON, Elizabeth A. Espírito criador e ética ecológica: uma fronteira antiga. In.: **CONCILIUM.** n. 342 (2011/4). Petrópolis, RJ: Vozes, 2008.

KERN, Walter. A Criação como origem permanente da Salvação. In.: **Mysterium Salutis II/2**: A História Salvífica antes de Cristo: a Criação. Petrópolis, RJ: Vozes, 1972.

LIBANIO, João Batista. **Como Saborear a Celebração Eucarística?** 2. ed. São Paulo: Paulus, 2005. (Col. Questões fundamentais da Fé, 7).

LORETZ, Oswald. **Criação e Mito:** homem e mundo segundo os capítulos iniciais do Gênesis. São Paulo: Paulinas, 1979. (Col. Estudos Bíblicos).

MESTERS, C.; OROFINO, Francisco. **A Terra é nossa Mãe:** Gênesis 1–12. São Leopoldo, RS: Centro de Estudos Bíblicos [CEBI], 2007.

MESTERS, Carlos. **Flor sem defesa:** uma explicação da Bíblia a partir do povo. 5. ed. Petrópolis, RJ: Vozes, 1999.

______. **Paraíso Terrestre:** saudade ou esperança? 8. ed. Petrópolis, RJ: Vozes, 1981.

PEÑA, Juan L. Ruiz de la. **Teologia da Criação.** São Paulo: Loyola, 1989.

PIXLEY, Jorge. **O Deus Libertador na Bíblia:** Teologia da libertação e filosofia processual. São Paulo: Paulus, 2011. (Col. Tempo axial).

RAD, Gerhard Von. **Teologia do Antigo Testamento:** teologia das tradições históricas de Israel. Reedição da 1. ed. São Paulo: Associação de Seminários Teológicos Evangélicos [ASTE], 1986.

RATZINGER, Joseph. **Introdução ao Cristianismo:** preleções sobre o Símbolo Apostólico com um novo ensaio introdutório. 2. ed. São Paulo: Loyola, 2006.

RUBIO, Alfonso García. **Unidade na Pluralidade:** o ser humano à luz da fé e da reflexão crsitãs. 3. ed. rev. e ampl. São Paulo: Paulus, 2001. (Col. Teologia sistemática).

SUSIN, Luiz Carlos. **A Criação de Deus.** São Paulo: Paulinas; Siquem, 2003. (Livros Básicos de Teologia: Deus e Criação, 5).

VV.AA. **A Criação e o Dilúvio:** segundo os textos do Oriente Médio Antigo. São Paulo: Paulinas, 1990. (Documentos do Mundo da Bíblia, 7).

WESTERMANN, Claus. **Teologia do Antigo Testamento.** São Paulo: Paulinas, 1987. (Nova coleção Bíblica).

WOLFF, Hans Walter. **Bíblia: Antigo Testamento:** Introdução aos escritos e aos métodos de estudo. São Paulo: Paulinas, 1978. (Biblioteca de Estudos Bíblicos, 3).

ZENGER, Erich. et al. **Introdução ao Antigo Testamento.** São Paulo: Loyola, 2003. (Col. Bíblica Loyola, 36).

Printed by Books on Demand GmbH, Norderstedt / Germany